公孫龍策
——
編著

Thanks for your enemies

把小人變成你的貴人

把小人變成貴人
的生存智慧

全—集

雷蒙曾說：
「每個人或多或少都曾經吃過小人的虧，但重點就在於我們如何從吃小人虧當中，學到用錢也買不到的教訓。」

通常，我們對於身邊的小人往往避之唯恐不及，但是不容否認的，
如果沒有這些小人陷害，你永遠不知道什麼叫做人心險惡；如果沒有這些小人扯後腿，你永遠無法認清人性的醜陋，
果沒有這些小人不斷刺激，你也無法借力使力讓自己更成功，從這個角度來說，「小人」其實是讓你更上層樓的「貴人」。

出 版 序　　　　　　　　　　　　　• 公孫龍策

「小人」就是另類的「貴人」

「把壞人變貴人」是成功的不二法門，
無論人生走到多麼難堪的境遇，
都要勉勵自己再接再厲。

　　印度詩人泰戈爾曾經寫道：「世上聖人和凡人的區別，就在於聖人比凡人更懂得在什麼時候向別人低頭。」

　　的確，人是所有萬物中最愛面子的一種動物，大多數人之所以一生庸庸碌碌、毫無作為，就在於他們往往為了顧全自己那層薄薄的臉皮，而放不下身段，試著把身邊的「小人」變成貴人。

　　其實，小人並不可怕，可怕的是你主觀地認為對方的作為都是刁難、找碴，不願意理性面對。與其整天戒慎惶恐，一味閃躲，不如試著把小人當成貴人，感謝他們送給自己各種磨練的機會，如此才能開創一番連自己的自己都意想不到的機運。

　　日本著名的汽車推銷大王奧城良治從學校畢業後，興致勃勃地踏入汽車推銷行業，誰知道整天在外奔波了幾個月，竟然毫無業績可言，拜訪客戶的時候不是吃閉門羹，就是好不容易登門拜訪，費盡唇舌鼓吹後，客戶仍舊興趣缺缺。

　　眼看著其他推銷員業績蒸蒸日上，自己卻屢屢遭受無情打擊，使得他逐漸心灰意懶，心裡開始打退堂鼓。

　　最後，他決定給自己一個期限，如果到了最後期限，業績還是不能有所突破的話，就毅然離開汽車推銷行業另謀生路。

　　然而，在這段期間內，他仍然沒有獲得半張訂單。好不容易熬到了期限的最後一天，他吃了幾次閉門羹後，滿臉疲憊地走過郊區的一處農田，準備回公司後就提出辭呈。

　　走著走著，他突然感到尿急，於是就走到田埂旁準備就地解決。就在這時，他看見田埂旁邊恰巧蹲著一隻青蛙，當下便將自己幾個月來所受的滿腹怨氣宣洩在牠身上。

　　於是，他故意朝著青蛙的頭上尿尿。

　　他原本以為這隻青蛙被自己的尿液亂灑一通，會因此而驚惶地跳走，沒想到，青蛙不但沒有跳走，還若無其事地張著眼睛，簡直像在享受一次大自然的SPA一樣。

　　這隻青蛙無視羞辱的怡然自得表現，給了奧城良治莫大的啟示，讓他領悟了想要推銷成功，就必須要有「把小人變貴人」的精神，心中不禁又燃起了旺盛的鬥志。奧城良治若有所思地對自己說：「如果我是顧客的話，那青蛙就猶如推銷員，那些澆淋在牠頭上的尿液就代表著客戶的種種拒絕和羞辱。想要在推銷行業出人頭地，就必須效法這隻青蛙，不論顧客多麼傲慢無禮，不管遭遇多麼難堪的拒絕、多麼惡毒的羞辱，我都要像青蛙一樣逆來順受，而且要把它當作對自己的磨練。」

　　這隻青蛙改變了奧城良治的命運，他把自己的這番心得稱為「青蛙法則」，並且奉行不渝。在虛心檢討自己推銷過程可能的缺失後，他放下害怕遭到拒絕、羞辱的心理，勇敢面對各式各樣客戶的批評謾罵，終於在遭受一千八百次拒絕後，獲得了第一份訂單。

　　從此之後，他的業績漸入佳境，第一年每個月平均賣出八部車，到了第二年平均每個月能賣出十五部車，到了第五年，每個月平均賣出的車子數量竟然高達三十部！從第五年開始，奧城良治連續蟬連十六年汽車銷售冠軍，成為全日本汽車界最負盛名的推銷之王。

　　人生的道路崎嶇坎坷，也充滿了小人和壞人，因而不管做人或是做事，每個人都免不了會遭遇失敗和挫折。

　　當你遭到挫折和失敗的時候，別只顧著抱怨造化弄人、命運不公，也別急於放棄自己原先的理想和抱負，應該先檢討自己做人做事的方式對不對，是否犯下自以為是的錯誤。

　　即使深刻檢討之後，錯誤是在別人，也不妨先耐著性子委屈一下自己，把種種失敗挫折當成邁向成功的必經過程。

　　因為，唯有將各式各樣的挫折、打擊和失敗，視為澆灌自己成長茁壯的養分，你才能變成一株比別人更高更壯的大樹。

　　不論你現在身處的環境、遭遇的人、事、物多麼難以忍受，只要你秉持著「把小人變貴人」的精神，最後一定能夠獲得勝利。

　　「把小人變貴人」是成功的不二法門，當你灰心喪氣的時候，千萬記得效法奧城良治的「青蛙法則」，無論人生走到多麼難堪的境遇，無論受了多少窩囊氣，都要充滿鬥志，勉勵自己再接再厲，可別因為一時的虛榮或自卑而自暴自棄，從此和成功背道而馳。

　　• 本書為《感謝小人送給你的機運》全新修訂版，謹此說明。

Part 1

把小人變成另類的貴人

不要被不留口德的「小人」看扁，要不斷激勵
自己，一定要比對方強，如此一來，對方就會
變成你人生過程中的另類貴人。

Part 2

感謝小人送給你的機運

事情都已經發生了，不如動腦想想有何解決之道，
或是如何「把壞人變貴人」，也許這將是另一個
「弄拙成巧」的奇蹟。

Part **3**

用另類的方式改變對方的態度

溝通，並不是一味強迫對方接受自己的想法，也不是一味屈躬卑膝試圖改變對方自以為是的態度，而是以恰當的方式找出彼此的折衷點。

Part **4**

用信念改變命運

受到挫折時，歸咎於命運是很多人會尋找的藉口，但是別忘了，就算挫折真的是命中注定，你的信念和意志，仍然可以改變挫折的結果。

Part 5

你也可以光明正大說謊話

「弄假成真」的手段並不高明，也不夠高尚，但是，這在爾虞我詐的社會中，在政治的競技場上，能夠正大光明的又有幾個？

Part 6

讓「偽善」發揮最強的力量

千萬別忽略「偽善」的力量，只要運用得宜，它不只能幫助你抬高身價，還能讓你獲得更多的喝采。

Part 7

提升應變能力，才能逢凶化吉

現實生活裡，任何事都可能發生，許多人習慣以硬碰硬，或以強制的手法來解決事情，其實，這種方法只會讓事情變得更加棘手而已。

Part 8

面對挑釁，何必太認真？

若是你不希望讓周遭的小人煩擾生活，不希望被無謂的事情擾亂心情，就讓看事情的視野多一些角度吧。

Part 9

如何擺脫小人的糾纏？

日常生活中，每個人或多或少都有不能避免的人情壓力和煩人瑣事，為了擺脫糾纏，不動動腦袋想計謀是不行的。

Part 10

面對誠實的人，就用誠實的方法

人與人之間的相處，可以是君子之爭，不必奉承阿諛，更不必費心猜疑，才不會有相互拉扯的兩敗俱傷。

Part 11

該說謊的時候，還是得說

雖然說謊不是好事，但是偶爾一兩句善意的謊言，
會帶來令人意想不到的驚喜效果。

把小人變成另類的貴人

不要被不留口德的「小人」看扁，
要不斷激勵自己，一定要比對方強，
如此一來，對方就會變成
你人生過程中的另類貴人。

把小人變成另類的貴人

不要被不留口德的「小人」看扁，要不斷激勵
自己，一定要比對方強，如此一來，對方就會
變成你人生過程中的另類貴人。

古羅馬思想家西塞羅曾經寫道：「刻毒的小人，比那些表面
合意的朋友，對人更有用處，因為前者說的常常是實話，而後者
從來不會講實話。」

的確，一個處心積慮想陷害你的壞人，了解你的弱點，絕對
比那些只會向你逢迎拍馬的朋友要強得多，因此，從另外一個角
度來看，所謂的小人，又何嘗不是幫我們更了解自己弱點在哪裡
的另類貴人？

人在邁向成功的過程中，必須具備的心理特質，就是勇敢地
面對別人的嘲笑與譏諷，因為，譏刺的話語往往比刀劍還要銳利，
會刺傷一個人的意志。

美國的玉米大王斯泰雷，就是因為勇於把別人譏諷當成奮發
向上的激勵，才獲得令人羨慕的成功。

斯泰雷十六歲的時候，曾經在一家公司當售貨員，當時，他

的職位和薪資都很低，工作量卻非常龐大。

斯泰雷心中一直有個願望，那就是要成為一個不平凡的人。

但是，每當他流露出自己內心的想法時，公司的老闆便要他少做白日夢，並刻薄地譏笑他不自量力、異想天開。

有一天，他被老闆狠狠地訓斥了一頓：「老實說，像你這種人根本不配做生意，你只是徒有一身蠻力，卻一點腦袋也沒有，我勸你還是乾脆到鋼鐵工廠去當個工人吧！」

這番話惡毒的話語嚴重刺傷了斯泰雷的自尊，因為他自認做事講究方法，而且一直都非常小心謹慎，工作態度也相當主動積極主動，被老闆這麼一激，不禁出言反擊。

他對老闆反駁說：「先生，你當然有權力將我辭退，但是，你不可能毀滅我的意志。你說我沒有用，那是你主觀的偏見，這一點也不會減損我的能力。你看著吧！總有一天，我會開一家比你大十倍的公司。」

老闆聽到這個不知天高地厚的年輕人，竟然敢出言頂撞自己，不禁嗤之以鼻，而且立即將他開除。

誰知道，幾年之後，斯泰雷果真憑著自己的智慧，創造了驚人的成就，成為享譽全美的玉米大王。

把別人的嘲諷和刻毒話語視為激勵，它就能變成逆境中前進的動力。

其實，我們一點也不必害怕遭到別人譏諷和責難，有時候，這些話語並非全然沒有根據，或許自己真的有某些不足之處需要補強。

　　因此，聽到別人的譏諷和責難，我們應當虛心記取，仔細反省自己是否有對方所說的缺失，並努力加以修正。

　　反省之後，如果自認沒有任何缺失，或是錯誤根本不在自己，那麼就把這些嘲諷和貶抑轉化成向上躍升的動力。

　　不要被這些不留口德的「小人」看扁，要不斷激勵自己，一定要比對方強，如此一來，對方就會變成你人生過程中的另類貴人。

借力使力，就能無往不利

只要不迷信表面現象，你就可以輕易洞穿「壞人」使壞的伎倆，然後借力使力，成為一個「把壞人變成貴人」的聰明人。

■ ■ ■

《唐吉訶德》的作者塞萬提斯曾說：「無論瓦罐碰了石頭，還是石頭碰了瓦罐，遭殃的總是瓦罐。」

因此，如果你是「瓦罐」，小人是「石頭」，與其跟小人硬碰硬，還不如把小人當成一個讓自己戒慎恐懼的「人性鬧鐘」。

其實，小人並不可怕，最可怕的是，你在「小人」面前迷失自己，根本不知道他們到底壞在哪裡？

如果你知道他們如何對你使壞，至少你可以藉此了解自己的罩門在哪裡，然後加以補強。

在一場歐洲音樂指揮大賽中，有三位頂尖的指揮家進入最後決賽，其中有一位是世界著名的日本指揮家小澤征爾。

決賽之時，小澤征爾照著評審委員會提供的樂譜指揮樂隊演奏，卻發現樂譜出現幾個錯誤，使他無法與樂隊協調。

小澤征爾本來以為是樂隊演奏時出差錯，便立即停下指揮，

要求樂隊重新演奏，然而，第二次演奏時卻仍然無法讓他滿意，因此他便向評審委員指出樂譜有誤。

這時，有位評審委員鄭重其事地強調，樂譜根本就沒有問題，完全是小澤征爾個人的錯覺。

面對這位音樂界的權威，小澤征爾對自己的判斷有些猶疑，但是幾經思考後，他仍然十分肯定地大聲說道：「不，一定是這份樂譜有誤！」

他的話一說完，評審席上立即傳來了熱烈的掌聲。原來，這是評審委員們故意設計的「圈套」，用來考驗指揮家們在發現樂譜出錯，並遭到權威人士否定他們的判斷時，是否能夠堅持自己的判斷正確無誤。

在此之前，其實前兩位參賽者也發現了這個問題，但他們卻懾服於權威，誤入「圈套」，最後慘遭淘汰。只有小澤征爾沒有被評審委員騙倒，因為他跳脫了一言堂式的權威迷思，清楚知道音樂世界裡的是非對錯，也因此成為最有資格獲得這次比賽桂冠的指揮家。

作家雷蒙曾說：「每個人或多或少都曾經吃過小人的虧，但重點就在於我們如何從吃小人虧當中，學到花錢也買不到的教訓。」

通常，我們對於身邊的小人往往避之唯恐不及，但是不容否認的，如果沒有這些小人陷害，你永遠不知道什麼叫做人心險惡；如果沒有這些小人扯後腿，你永遠無法認清人性的醜陋，如果沒有這些小人不斷刺激，你也無法借力使力讓自己更成功。從這個

角度來說，「小人」其實是幫助你更上層樓的「貴人」。

　　每個人都會有判斷上的盲點，事業或生活當中，有時也會出現無法解決的難題，因此，在尋求問題的解答之時，更應該建立自信。

　　如果，你是一個一味跟著眾人前進的人，那麼不妨多給自己一些信心，因為，邁向成功的道路上，會有許多「小人」設下的陷阱，不要一味地聽取別人的指引，也許他們給你的會是一條深不可測的「圈套」。

　　當然，圈套不一定是「小人」故意設置的，有時是因為你不知變通，不相信自己的判斷，不自覺地掉了進去。

　　擺脫「小人」捉弄的要訣之一是：別太相信表面現象。如果，你是個缺乏獨立性與自主精神的人，就應該從現在開始，試著用你的眼睛看世界，用你的判斷去實踐每一件事。

　　只要你不迷信表面現象，慢慢的，你便會發現，自己可以輕易洞穿「小人」使壞的伎倆，然後借力使力，成為一個「把小人變成貴人」的聰明人。

與其唉聲嘆氣，不如再接再厲

哲人波魯塔克曾說：「衡量一個人的傑出與
否，取決於他是否禁得起考驗和挫折。」

　　真正聰明的人，不會因為一時的失敗而情緒失控，更不會稍
不如意便失去理智，反而會再接再厲。

　　因為他們十分清楚，暴跳如雷於事無補，只有發憤圖強，戰
勝眼前的困境，才會讓自己步上成功的路途。

　　連鐵杵都能磨成繡花針了，你還認為天底下有什麼不可能的
事嗎？

　　不要被一時的失意蒙蔽了眼睛，只要把打敗自己的「壞人」，
當成讓自己發憤圖強的貴人，你就會看見一個全新的自己。

　　你知道拿破崙在滑鐵盧一役是被誰所打敗的嗎？

　　答案是英國的威靈頓將軍。

　　這位打敗英雄的英雄並不只是幸運而已，他也曾嚐過打敗仗
的滋味，並且好幾次被拿破崙的軍隊打得落花流水。

　　最落魄的一次，威靈頓將軍幾乎全軍覆沒，只好落荒而逃，

逼不得已藏身在破舊的柴房裡。

在飢寒交迫中，他想起自己的部隊被拿破崙打得傷亡慘重，這樣還有什麼面目回去見江東父老呢？萬念俱灰之下，打算一死了之。

正當他心灰意冷的時候，突然看見牆角有一隻正在結網的蜘蛛，一陣風吹來，網子立刻被吹破了，但是蜘蛛並沒有就此罷休，再接再厲，努力吐絲，立刻開始重新織網。

好不容易又快要結成時，一陣大風吹來，網子又散開了，蜘蛛毫不氣餒，轉移陣地又開始編織牠的網子。

像是要和風比賽一般，蜘蛛始終沒有放棄，風越大，牠就織得越勤奮，等到牠第八次把網織好以後，風終於完全停止了。

威靈頓將軍看到了這一幕，不禁有感而發，小小的一隻蜘蛛都有勇氣對抗大自然這個強大的勁敵，自己一個堂堂的將軍，更應該要奮戰到底，怎能因為一時的失敗而喪失鬥志呢？

於是，威靈頓將軍接受失敗的事實，並且重振旗鼓，苦心奮鬥了七年之久，總算在滑鐵盧之役一舉打敗拿破崙，一雪當年的恥辱。

或許可以這麼說，打敗拿破崙的不是威靈頓，而是那隻不屈不撓的蜘蛛，以及牠堅持到底的勇氣。

蜘蛛結了八次網才完成，威靈頓屢次遭失敗後才打倒拿破崙，說明無論大事小事，不管簡單困難，其實都必須具備絕對的決心毅力才能做到。

哲人波魯塔克曾經說過：「衡量一個人的傑出與否，取決於

他是否禁得起考驗和挫折。」

　　失敗是什麼？失敗是通往成功的必經之路。

　　壞人是什麼？壞人就是讓你更成功的人。

　　既然如此，那麼，你又何必爲了一時的失敗或不如意，坐在那裡唉聲嘆氣，恨東怪西呢？趕快把讓你遭受失敗的「壞人」當成貴人，化失敗爲成功的動力，徹底擊潰對手吧！

「敢做」，比「會做」更重要

想要成功，就不能害怕冒險。有了周密思考後所做的客觀判斷，再加上過人的膽識，那麼成功自然就能水到渠成了。

■ ■ ■

日本心理學家德田虎雄在《產生奇蹟的行動哲學》中，告訴我們一個鍛鍊堅強性格的方法：「為了像一個真正的人那樣生活，就要有自己的奮鬥目標，並為了達到目標而徹底改變自己。」

也許出身的地位有高低之分，但成功卻不會有任何設限，因為任何人都有成功的機會，只是看你敢不敢、願不願意盡全力爭取而已。

理查德‧科布登是一個農夫的兒子，年紀很小的時候就被送到倫敦，在一個倉庫裡受僱為童工。

理查德從小就是個勤奮上進的孩子，渴望能夠吸收更多的知識，可惜，他的僱主是個非常保守專制的人，總是鄙夷地認為工人就是工人，根本不需要讀太多書。

面對財大氣粗的老闆，理查德只能偷偷摸摸地自修學習，將從書本中獲得的知識默默藏在心裡。

學識所帶來的價值，很快地便展現在他的工作中，使他從一個倉庫管理員，成為旅行全國的推銷員；理查德更從中建立起屬於自己的人脈，為日後的獨立奠定基礎。

等到存夠錢之後，理查德便開始了他的商業生涯。

經過許多年的奮鬥，經商成功的理查德，有感於自己當年想讀書卻沒有書讀的遭遇，決定致力於普及大眾教育。

為了宣傳他的理念，理查德必須到處巡迴演講。然而，他沒有這方面的經驗和訓練，首次在公眾面前發表的演講可說是慘不忍睹。

但是，理查德並不因為譏笑而不氣餒，靠著毅力和不斷地練習，終於成為最具說服力的演講者之一。

理查德戰勝了那些折磨他、嘲諷他的「小人」，把他們當成人生的跳板。他獲得非凡的成功，還被評價為：「他是將個人才能和努力發揮得淋漓盡致的最佳典範，也是出身社會最底層的窮人，經由發揮自己的價值，躋身到受人尊敬的地位中，完美的一個例子。」

想要成功，就不能害怕冒險。

所謂的冒險，不是指盲目的鋌而走險，而是建立在周密的思考後所做的客觀判斷和積極行動；要達到這一步，必須累積相當開闊的視野和豐富的經驗。

有了這些條件，再加上過人的膽識，成功自然也就能水到渠成了。

嫉妒程度，是衡量成功的尺度

不必在乎別人嫉妒的眼光，因為平庸的人吸引不了眾人的目光，唯有真正有作為的人，才有讓人嫉妒的機會。

■ ■ ■

嫉妒別人不是一件好事，但是被別人嫉妒可就不一樣了。

要是你沒有某種程度的本事，在別人心中沒有相當的評價和地位，那些「小人」又為什麼要嫉妒你呢？

海軍軍人伯利是一位名副其實的探險家，在一九〇九年四月六日乘雪橇到達北極，成為到達北極的第一人。

這次的探險圓滿成功，讓他一夕之間聲名大噪，因為這個紀錄是好幾個世紀以來，許多探險家不惜冒著生命危險也無法達成的。

不過，這次的探險卻讓伯利付出慘痛代價，他的腳長滿了嚴重的凍瘡，醫生不得不為他切除八個腳趾頭，而這個因為探險所受的重創，也讓他痛苦了好長一段時間。

就在這個時候，伯利在海軍的上司也因為他聲名大噪，而充滿嫉妒心理，對他表現出極大的不滿。

　　因此，後來當伯利再度提出到北極探險的計劃時，他們不但強烈反對，而且還公開抨擊伯利是假借「科學探險」之名，行募集資金「到北極逍遙快活」之實。

　　這些海軍的高階將領們竭力地阻撓伯利的北極探險計劃，最後在麥金雷總統出面干預下，伯利才得以繼續進行他的北極探險。

　　如果伯利一直都待在海軍總部裡當一名普通而沒沒無聞的軍官的話，他還可能遭到這種嚴詞抨擊嗎？

　　當然不可能，因為他在海軍總部的重要性、知名度和影響力，都不至於招來別人的眼紅。

　　相對的，要是伯利害怕遭到嫉妒，因此卻步不前，放棄探險計劃的話，那麼他也不可能有名留青史的機會了。

　　嫉妒的程度，是衡量成功的尺度，只要你認為自己的決定是對的，那麼就儘量放手去做吧！

　　只要你有真才實學，就不必在乎別人嫉妒的眼光，因為，平庸的人吸引不了眾人的目光，唯有真正有作為的人，才有讓人嫉妒的機會。

冷靜與機智是絕處逢生的幫手

冷靜與機智的養成必須雙管齊下，培養靈活的
解決應變能力之外，更要建立起對自己處事能
力的自信。

身處在危險的崖邊，很多人經常因為絕望而選擇了放棄。

然而，他們卻從來都不知道，就在身後，其實隱藏著一條絕處逢生的後路，只要能再冷靜一點，願意用明智的雙眼去探尋，便一定能發現。

將冷靜與機智套用在日常生活中，我們便能輕易地發現，無論在工作中還是生活上，面對突發的危機，如果我們臨場反應夠冷靜，充分地表現機智，無論情勢有多不利，最後都將化險為夷。

霍爾是波斯帝國的太子，有一年率兵遠征，不幸被阿拉伯的士兵俘虜，當士兵們將他押解到國王的面前時，國王便立即下令處斬。

在刑場上，霍爾向國王請求：「主宰一切的國王啊！我現在口渴得十分難受，您胸懷大度，能不能讓您的俘虜喝足了水後再處死啊？」

　　國王點了點頭答應，示意侍衛端一碗水給他，霍爾接過水後，立即將碗湊到嘴邊作勢要喝。

　　但是他只將碗放在嘴邊，卻沒有飲用，反而以十分驚恐的眼神環顧四周。

　　準備行刑的士兵怒斥道：「你為什麼不喝？」

　　只見霍爾竟渾身發抖起來，接著還以十分驚懼的聲音說：「我聽說……我聽說，你們這些人非常兇殘且不懂天理，我擔心當我正在品味這碗最後的清水時，會有人舉刀殺死我。」

　　國王聽見霍爾的擔心後，立即安慰他說：「你放心吧！沒有人會動你。」

　　霍爾一聽，連忙請求道：「真的嗎？國王您能不能給我一個保證，讓我安心地品嚐這碗水？」

　　阿拉伯國王舉起了手，說道：「我以真主的名義發誓，在你沒喝下這碗水之前，沒有人能傷害你。」

　　沒想到國王一說完，霍爾竟毫不遲疑地將這碗水潑灑到地上。

　　「混帳！你這什麼態度啊！我好心給你喝水，你竟然不領情，來人啊，立即將他推出斬首！」國王厲聲喝道。

　　這時，霍爾竟平心靜氣地問國王：「等等，國王陛下，您剛才不是莊嚴地向真主發誓，保證不會讓我受到傷害嗎？」

　　國王聽了，大聲地解釋道：「我只是保證，在你沒喝下那碗水之前，誰也不能傷害你！」

　　這時，聰明的霍爾滿臉微笑地說：「陛下您說的沒錯，您也看見了，我並沒喝下『這碗水』啊！而且我再也喝不到『這碗水』了，因為它已經滋潤了您的土地，所以陛下要履行您身為君王的誓言啊！」

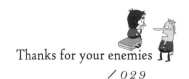

國王一聽，這才恍然大悟自己上當了，最後只好釋放了霍爾。

面對小人之時，冷靜與機智是求生的兩大支柱。就像故事中的霍爾，如果他無法冷靜情緒，恐怕很難表現出如此聰穎的機智，相對的，即使能冷靜情緒，要是累積的智慧不足，恐怕也無法營造出化險為夷的結局。

冷靜與機智的養成必須雙管齊下，除了培養靈活的應變能力之外，更要建立起對自己處事能力的自信，然後才能在冷靜、機智的絕佳狀態中，輕鬆地解決別人認為已經回天乏術的難題。

遇到壞人，能不能扭轉劣勢，在於我們的心中是否有改變的實力與勇氣。未來是生機無限還是一片灰暗，決定權從來都在我們的手中，只要我們能保持冷靜，相信自己的處事智慧，那麼最後的結果終將超乎人們的想像與預言。

巧妙出擊，就能輕鬆解決難題

不必擔心問題叢生，只要微笑面對，然後我們
就能發現解決的方法，輕鬆自信地渡過一個又
一個難關！

生活中，我們一定會與麻煩相遇，也一定會和困難過招，因
爲它們都是我們人生歷程中的一部份。

處於不利的形勢或被動的局面時，只要能巧妙地擊，搶得解
決問題的主導權，不僅能反敗爲勝，更能在事情圓滿落幕後，輕
鬆坐上成功的寶座。

阿桑是個伊朗人，爲人開朗厚道且樂於助人，由於頗有積蓄，
所以經常有人想向他借錢。

這天，有位經營服飾業的朋友來訪，阿桑熱情地招待。但過
了一會兒，友人卻愁眉苦臉了起來，阿桑便問：「加伊啊，你怎
麼滿臉愁容啊？」

加伊嘆了口氣說：「唉，現在生意難做啊！像現在，明明有
一個現成的生意，可我卻沒有本錢投資。」

阿桑關心地問：「喔，那你缺多少錢？」

　　加伊說：「如果有二千金幣就夠了，我說阿桑，你能不能幫幫我啊？」

　　重情義的阿桑二話不說，立即說：「沒問題。」

　　於是，兩個人立即寫下了借據，加伊感動地說完謝意與歸還日期後，拿著錢便離開了。

　　過了幾天，阿桑的妻子問起了這件借錢之事，並向阿桑要借據來看看，誰知阿桑竟將借據給弄丟了。

　　「啊！借據不見了。」阿桑緊張地向妻子說。

　　這時，妻子連忙提醒他：「沒有了借據，加伊恐怕會把錢賴掉啊！」

　　著急的阿桑一聽，立即去找友人納斯丁想辦法，納斯丁追問：「你們簽寫借據時，有沒有其他人在場？」

　　阿桑搖了搖頭：「沒有啊，就只有我們兩個人。」

　　「那期限多久？」納斯丁又問。

　　只見阿桑伸出一個食指說：「一年。」

　　納斯丁想了一會兒，忽然說：「有了，你馬上寫封信給他，並催促他儘快還你二千五百金幣。」

　　但是，老實的阿桑卻說：「不對啊！我只借他二千金幣。」

　　納斯丁笑著說：「你這麼寫就是了，因為他一定會回信提醒你，他只向你借『二千金幣』啊！」

　　阿桑明白地點點頭，立即寫信，果然三天後，加伊回信寫道：「我只向你借二千金幣！而且當時言明一年後才還，你別擔心，我一定會還給你的。」

　　而這封回信，便成了阿桑新的「借款證明」。

　　一個小小的變通，讓老實的阿桑重新得到一份借款證明，也讓原本可能失去的財富，再又失而復得。

　　故事中沒有誇張的解決技巧，只是簡單地寫一封信，然而從中，我們不難領悟出一個宗旨：「發生問題時先冷靜，然後再慢慢地思考出最好的解決辦法。」

　　其實，發生問題時，我們無法預料會出現哪些狀況，但是處理問題時，卻可以要求自己從事情的不同角度中探尋，多元地找出任何可能解決的方案，力求能圓滿解決。

　　從這則簡單的故事中，我們也省悟出一個生活重點：不必擔心問題叢生，只要微笑面對，然後我們就能發現解決的方法；不必害怕困難出現，只要微笑面對，我們就能輕鬆自信地渡過一個又一個難關！

有實力，才有好運氣

雖然成功有時候也會受到運氣的影響，但是運氣不可能平白無故地從天上掉下來，而是在累積一定的實力之後，才會降臨在努力的人身上。

　　腳踏實地是的成功首要條件，但不可否認的是，有時候，「運氣」多多少少也可能成為影響成功的條件之一。

　　只不過，運氣是很抽象的，只有在努力不懈的過程才會出現。

　　有一位老伐木工正在對新入行的班納德解釋要如何砍樹，老伐木工說：「要是你不知道樹砍斷後會落在什麼地方，那麼就不要砍它。而且樹總是會朝支撐力少的方向落下，所以，如果你想讓樹朝哪個方向落下，只要削減那一方的支撐力就可以了。」

　　班納德聽完，心中覺得半信半疑，他知道要是稍有差錯，他們要不是損壞一棟昂貴的別墅，就是弄垮一幢磚砌的車庫。班納德滿心不安地依照老伐木工的指示，在兩幢建築物中間的土地上劃一條線。

　　在那個還沒有電鋸的時代，砍樹主要靠的是腕力和技巧。

　　老伐木工等班納德準備完成之後，揮起斧頭便向大樹砍去。

這棵大樹的直徑大約一公尺，老伐木工年紀雖然大，但臂力還是很強勁。過了半小時，大樹果然不偏不倚地倒在班納德所畫的線上，而且樹梢離房子還有很遠的距離。

班納德很佩服老伐木工的本事，但是老伐木工什麼也沒有表示，只是默默地將大樹砍成整齊的圓木，再把樹枝劈成柴薪。班納德對老伐木工說：「你的技術真好！我絕對不會忘記你今天所教導的砍樹技巧！」

一直不發一語的老伐木工，這時才緩緩地對班納德說：「算我們的運氣好，今天沒有風。你要注意，永遠要提防風！」

美國總統林肯曾說：「如果我們能夠了解我們的處境與趨向，那麼，我們就能更好地判斷我們應該做什麼，以及怎樣去做。」

想要把周遭的小人變貴人，就必須徹底分析當前的處境，明瞭自己和對手的優勢與劣勢，並且留意「風向」，然後才能設定往哪個方向突破，以最有效率的方式獲得成功。

雖然成功有時候也會受到運氣的影響，但是運氣不可能平白無故地從天上掉下來，而是在累積一定的實力之後，才會降臨在努力的人身上。

如果沒有努力過，只妄想著依靠運氣就能成功，那麼就算僥倖成功了，這種成功往往也只是曇花一現，難以長久維持的。殊不見，在各式各樣的領域，不就充斥著這類猶如流星一般的所謂「成功人士」？

接受約束，是為了得到更多幫助

要懂得把束縛你的「壞人」當作貴人。下次想抱怨時，別忘了你是在什麼情況下抱怨你的束縛。

每個人都想過隨心所欲的生活，可惜現實中「壞人」太多，存在著太多束縛，無法讓人任意而為。

很多人會因此抱怨，但是仔細想想，如果沒有這些「壞人」束縛的話，那麼生活也許就失去了協助，不容易順利成長茁壯。

有一棵剛種下的小樹被綁在木椿上，感到很不自在，便對木椿抱怨說：「你為什麼要這樣約束我，剝奪我的自由？」

木椿回答小樹：「你才剛被種下，根都還沒有紮穩，我的存在是為了幫助你紮根，並且增加抵禦強風的能力，更能讓你不至於倒下！」

小樹完全聽不進木椿的話，心裡想：「我才不相信你這些鬼話！就算沒有你，我還是能紮穩根，根本不需要你的幫助！」

於是，小樹藉著風力，天天用力地摩擦木椿，終於把綁著它

的繩索弄斷了。小樹非常高興能夠重獲自由，因為它總算能隨風搖擺自己的軀幹，再也沒有東西能夠束縛它了。

誰知，當天晚上，忽然來了一陣狂風暴雨，小樹因為沒有一個有力的支撐，很輕易地就被連根拔了起來。

等到第二天早上，毫髮無傷的木椿對著倒在地上的小樹說：「獲得自由的感覺，你現在應該知道了吧！」

小樹後悔地說：「我現在才明白我需要約束，可惜已經太遲了！」

人常常用自己的角度衡量事物，因此犯下許多原本可以避免的錯誤。法國思想家拉羅什富科提醒我們：「各種人和事都有自己的觀察點，有的需要抵近去看，做出正確的判斷，有的則只有從遠處看，才能判斷得最好。」

生活週遭，那些約束你、限制你，讓你憎惡的人，很多時候並不一定就是壞人，而是協助你成長的貴人。

如果每個人都能隨心所欲，那麼結果必定會造成一團混亂。

畢竟，在一個群體中，你想要的不一定是別人想要的，而當兩者的慾望產生衝突時，要不造成混亂也難。

所以，要懂得把束縛你的「壞人」當作貴人。下次想抱怨時，別忘了你是在什麼情況下抱怨你的束縛，讓適當的約束幫助你成長。

講原則，也要看場合

想要在社會上立足，就要懂得因地制宜，多磨
練自己的性格，才能夠讓別人自然而然地接受
你的原則。

有原則是一件好事，也是生活中不可缺少的行事準則。不過，
「原則」也得看事件、看場合，要是不管任何事情都只顧著堅持
原則的話，不但自己會活得很辛苦，人際關係也會大受影響。

阿文在選擇朋友上，自有自己的一套標準，最不屑與那些虛
偽做作、口是心非的人交往。

有一次，他參加一個旅行團，團裡有一個人為人坦蕩、性格
豪爽、說一不二，這正是阿文心目中可以結交的朋友類型。但是，
幾天相處下來，大家不但不覺得和他在一起很開心，反而都覺得
和他相處得很不愉快。

原因就是這位仁兄太過於坦蕩蕩了，所以什麼話都說得出口，
連粗話也是一樣；跟他交談，從來沒有商量妥協的餘地，而且他
說話辦事不看場合，不但十分直言不諱，還常常讓人下不了台、
十分難堪。

漸漸地，人人都對他敬而遠之。

阿文剛開始還覺得很困惑，心想：我們不是一直要求別人眞誠坦率嗎？爲什麼大家會對他的言行舉止感到反感呢？

後來，阿文終於明白了，眞誠坦率是指一個人內在的本質，而不是行爲上的「眞誠坦率」。

從此之後，阿文對朋友的選擇標準也就慢慢改變，不再那麼嚴苛了。

人生最大的困擾，就是爲了工作需要或社交活動，我們經常得和別人打交道，言行太過「眞誠坦率」，很容易得罪對方；但爲了把對方變成自己的貴人而言不由衷，甚至口是心非，事後又感覺自己太虛僞。

想解決這種兩難，你就必須讓自己多一點彈性。

生活中處處需要彈性，這樣才不會讓自己感到疲乏。

太堅持原則的人，只會讓自己到處碰壁，覺得生活當中到處都是「壞人」。所以，想要在社會上立足，就要懂得因地制宜，多磨練自己的性格，才能讓別人自然而然地接受你的原則。

如此一來，你不但可以成爲一個受人歡迎的人，更不會違背自己的原則，讓生活更能符合自己的要求和目標。

PART 2

感謝小人送給你的機運

事情都已經發生了，
不如動腦想想有何解決之道，
或是如何「把壞人變貴人」，
也許這將是另一個「弄拙成巧」的奇蹟。

感謝小人送給你的機運

事情都已經發生了，不如動腦想想有何解決之
道，或是如何「把小人變貴人」，也許這將是
另一個「弄拙成巧」的奇蹟。

從某些名人的成功事蹟中，我們偶爾也會發現，「小人」有
時扮演著相當重要的角色。正因為他們使壞，才陰錯陽差地製造
出一個成功人士。

因此，只要我們學會「把小人變貴人」的訣竅，那麼在機運
降臨的時候，就能藉著「小人」的力量贏得最後的勝利。

鴻池是日本著名的清酒製造商，不過，剛開始經商之時，只
不過是個奔波於大阪和東京間的小商人。

據說，他從一個小商販，一舉成為大富豪，有著一段陰錯陽
差的故事。

有一天，鴻池來到酒坊視察工人們的工作情況，沒想到卻讓
他發現有個工人正在偷喝米酒，於是他走上前去，狠狠地責罵了
這個工人一頓，還扣了他半個月的工錢。

但是，這個工人一點也不認為自己有錯，還辯稱他是要試嚐

新釀米酒的滋味，老闆根本就沒有理由罰扣他的工錢。

鴻池看著這個工人的態度和反應，心想：「這傢伙這麼不老實，不宜留在這裡幫忙。」於是，毫不客氣地叫他收拾東西離開酒坊。

沒想到工人遭到解僱，心中十分惱怒，臨走前決定要進行報復。於是，他抓了一把火爐的灰燼，偷偷撒進米酒桶中，然後便開心而迅速地離開酒坊。

當時，日本生產的米酒有點混濁，工人心想，撒進了火爐灰燼，米酒會更加混濁，肯定賣不出去了。

但是，事情卻不像傻瓜想的那樣，隔天鴻池來到放置米酒桶的工作坊查看，卻發現一件從來沒有見過的事。原來，火爐灰燼沉到了酒桶底，而在沉澱物上的酒層，卻變得非常澄清透明。

他知道這一定是離職工人幹的好事，不過當他專注地看著桶裡的清酒時，對於工人蓄意報復的惱怒，忽然全拋到九霄雲外。因為，他在轉念間想到，如果能把混濁的米酒變成透明的清酒，一定會非常暢銷。

於是，鴻池立即把爐灰澄清酒品的新發現，拿來做清酒的研究和實驗。經過多次改進和試驗，終於讓他發明了一種高效實用的濁酒清化法。

他將這個新酒品命名為「日本清酒」，還推出這了這麼一個廣告：「喝杯清酒，交個朋友。」

清酒上市後，消費者的眼睛為之一亮，各家賓館、飯店紛紛大量訂購，大家更把這個「日本清酒」視為宴客時必備的酒品。

　　活在這個全球景氣低迷、痛苦指數居高不下的時代，許多人因為外在環境不斷惡化而過得更差，但是，也有人踩著「小人」的肩膀不斷創新，而在不景氣中逆勢上揚。

　　這個不甘心遭到開除的工人肯定沒有想到，這個報復動作，反而幫了鴻池一個大忙，讓他研發出製造清酒的方法。

　　當然，如果鴻池只顧著發怒，沒有仔細觀察酒裡的情況，或是沒有想出清酒的賣點，那麼他就無緣「把小人變貴人」，仍然會與發財的機遇擦肩而過。

　　這個故事無疑告訴我們，應該睜大眼睛看世界，活化自己的思考能力，不要老是為了一些芝麻小事動氣。

　　事情都已經發生了，不如動腦想想有何解決之道，或是如何「把小人變貴人」，因為也許這將是另一個「弄拙成巧」的奇蹟。

不要害怕當傻瓜

一個聰明人如果有當傻瓜的勇氣，那麼他更能
堅持自己的理想，並且積極地完成目標。

現實生活中，沒有人願意被別人當成傻瓜！

可是，那些最後獲得肯定、得到成功的人，在一開始，往往
也是許多「聰明人」眼中愚蠢的傻瓜。

詹姆森‧哈代是一個喜歡冒險的人，他周圍的朋友和同事都
認為他是一個滿腦子怪念頭的「傻瓜」。當他發現電影發明的原
理之後，便從電影膠卷的轉盤中產生了靈感：他讓膠卷上的畫面
一次只向前移動一格，以便老師能夠有充足的時間詳細闡述畫面
裡的內容。

這個想法讓哈代受到不少嘲笑，但是他沒有因此退縮，經過
不斷地反覆實驗，終於成功地實現了讓畫面與聲音同步進行，創
造了「視聽訓練法」。

除此以外，哈代曾經兩度入選美國奧運會游泳代表隊，也曾
經連續三屆獲得「密西西比河十英哩馬拉松賽」的冠軍。哈代在

游泳的時候，覺得大家在比賽時使用的游泳姿勢不好，決心加以改變。

但是，當他把想法告訴游泳冠軍約翰・魏斯姆勒時，約翰認為他的想法太過荒唐，於是立刻加以拒絕；另一位游泳冠軍杜克・卡漢拉莫庫也要他不要冒險嘗試，以免不小心在水裡淹死。

當然，哈代還是沒有理會他們的告誡，仍然不斷地挑戰傳統游泳的姿勢，最後終於發明了自由式，並且成為現在國際游泳比賽的標準姿勢之一。

活在這個「靠銀行，銀行會倒；靠政府，政府會跳票」的年代，想要出人頭地，你就不能害怕「小人」的嘲笑，而且還必須具備一些做人做事應有的智慧，鍥而不捨地為自己創造成功的機會。

不論你設定什麼目標，都得審時度勢，運用腦力幫自己達成目的。

歷史上有許多著名的成功人物，都是因為不怕被別人當成傻瓜，所以才能成就一番事業的。

總是被別人看成聰明人當然很好，可是一個聰明人如果有當傻瓜的勇氣，那麼他更能堅持自己的理想，並且積極地完成目標。

用別人的錯誤當作成功的基石

要想成功，除了埋頭苦幹以外，也別忘了抬起
頭來看看四周，讓那些「壞人」的錯誤，成為
你成功的基石。

想從芸芸眾生中脫穎而出，比別人早一步成功，你必須同時
具備做人與做事應有的應變智慧，把別人的失敗當成自己的借鏡。

想減少錯誤的發生，不妨多看看別人的失敗經驗吧！如果已
經有一個不良示範呈現在你眼前，那麼你重蹈覆轍的機會便能減
少許多。

美國成功學大師安東尼·羅賓在接受媒體訪問時，曾經提到
為什麼他能嚴厲拒絕煙酒和毒品的原因。

安東尼·羅賓說，並不是因為他夠聰明，而是他比較幸運罷
了。他之所以不喝酒，是因為在他還是個孩子時，曾看到家中有
人因為喝醉而吐得一塌糊塗，那種痛苦的模樣留給他極深刻的印
象，從此讓他知道喝酒實在不是一件好事。

除此之外，他有一位好友的母親，大約有兩百公斤重，每當
她喝醉時就會緊緊地抱著他，他的臉上和身上都會沾滿她的口水。

這些經歷讓他對酒深惡痛絕，一直到現在，只要聞到別人嘴裡所呼出的酒氣，他還是會覺得很不舒服。

也由於類似的經驗，使他沒有染上吸毒的壞習慣。在他就讀小學三年級時，有一次警察到學校來，放映一部有關吸毒的影片。片中人物在吸毒後神志不清，於是瘋狂跳樓，死狀十分恐怖。

一直到現在，那部影片他依然記得一清二楚，於是他就把吸毒、變態及死亡聯想在一起，這使他日後連嘗試的念頭都不敢有。

所以，並不是他聰明才知道這些壞習慣的可怕，而是有幸在很小的時候就有人告訴他，染上這些壞習慣的可怕後果。

電光石火般的人生太過短暫了，而我們想達成的願望卻是那麼多，因此必須把別人當成借鏡。成功者之所以能夠成功，關鍵就在於競爭過程中，懂得借用別人的經驗和教訓，然後設法為自己製造最有利的條件。

如果已經有人把犯錯的後果呈現出來，但是你仍然想嘗試的話，那麼你注定不會成為一個有所作為的人。

因為，你不但不肯花時間做其他有意義的事情，反而寧願花時間繼續犯錯，長久下來，你又有多少時間可以反省和悔改呢？

要想成功，除了埋頭苦幹以外，也別忘了抬起頭來看看四周，讓那些「壞人」的錯誤，成為你成功的基石。

聽懂言外之意才能搶得先機

聽懂弦外之音也是人際溝通中的一環，不僅有
助於人際關係的建立，更能讓我們比別人早一
步搶得先機。

我們都熟悉「意在言外」的技巧，卻經常忽略了別人運用的可能；我們在與人溝通時，經常忽略了人們將本意放在話中話的用意，卻錯將體貼迂迴的溝通視為敵意，進而造成日後溝通的瓶頸。

會聽話比會說話來得重要，聽人說話卻抓不到重點，或誤解別人所要表達的原意，不僅會讓我們的人際溝通屢出狀況，更會阻礙成功的步伐。

有個老猶太人為了完成兒子的夢想，便支持兒子遠離家鄉到耶路撒冷求學，但很不幸的是，就在兒子離開故鄉不久，這位體貼的老爸爸突然身染重病，就快不行了。

清楚自己病情的老爸爸，自知無法見兒子最後一面，立即寫了一份遺囑，上面則清楚寫著：「家中財產全都給奴隸阿德，至於我的孩子，就讓他從這些財產中選擇一件，切記，只能要求一

件。」

　　猶太父親死後，奴隸阿德非常開心，因為老主人臨死前，竟然讓他擁有這麼多的財富，而他也為了能儘快將事情解決，好好地享受，於是連夜趕往耶路撒冷，向死者的兒子報喪，並遞交這份遺囑讓他知道情況。

　　男孩仔細看完了遺囑後，十分震驚，實在不敢相信，那麼疼愛他的父親怎麼會這樣處理家產。面對父喪與對遺囑的失望，一時間竟失去了方向：「我什麼都沒了，未來該怎麼辦？」

　　心中充滿矛盾與痛苦的他，便來到老師家中，向導師吐露心中的煩悶。

　　然而，當老師聽完他的情況後，卻對他說：「嗯，從遺書上來看，你父親的確很賢明，而且十分疼愛你。」

　　但這個孩子卻忿忿不平地說：「是嗎？一個把財產全送給奴隸的人，對兒子怎麼會有關愛之情呢？」

　　老師搖了搖頭，說：「孩子，你應該再想一想，只要你能明白你父親的心意，那麼你將會發現，他可是留下了一筆可觀的財產給你啊！」

　　男孩仔細地聽著老師的開導，卻仍然一臉茫然，於是老師只得明白解說：「你想想看，當你父親知道自己活不久時，必然擔心在他死後奴隸可能會帶著財產逃走，甚至連喪事也不通知你。因此，他只得在遺囑上明白寫著要將財產送給他。如此一來，他不僅會好好地保管這些財產，且會儘快將這件不幸的消息通知你。」

　　男孩不解地問：「那又怎麼樣？」

　　老師搖了搖頭說：「動動腦啊！奴隸不是你家財產的一部份

嗎？你父親不是說，你可以要求索取其中一件財產嗎？如果你選擇奴隸，財產不是又回到你手中了嗎？這不正是充滿智慧的父親對你細心呵護的表現？」

聰明的父親將兒子的權利藏在遺囑中，若不是老師冷靜分析，男孩恐怕無法發現其中的「弦外之音」。

一個巧思保護兒子，正是一個猶太父親人生睿智的累積。對照兒子聽聞時的誤解與不滿，我們也看見了自己處事的盲點，我們經常只關照自己的一時情緒，卻忘了考量對方之所以如此處置的理由。一旦別人的表現未如預期，便直斥其中的不是，總是忘了替對方想想，其中或者另有隱情。

想學習弦外之音的隱藏計巧，不如學會分辨人們話語中的真正意思，就像故事中的男孩，若不是老師提醒，恐怕要失去父親留給他的一切財富。

聽懂弦外之音也是人際溝通中的一環，不僅有助於人際關係的建立，更重要的是，因為能聽懂別人的話語，並讀出對方話裡的言外之意，能讓我們比別人早一步搶得先機。

越沒有漏洞，越容易成功

不是完全專注於一件事物上就能獲得成功，因
為每個人的思考或視線都一定會有盲點或死
角。

■ ■ ■

　　不論一張網子怎麼編織，始終都有漏洞，只是洞的大小不同
罷了。

　　就像生活中，不論我們怎麼小心謹慎，總難免會有看走眼的
時候，也難免被壞人矇騙。只是不管事情後續怎麼演變，都要記
取教訓，都要積極負起補救的責任。

　　有個形跡可疑的人開著車來到邊境，哨兵見狀立即迎上前去，
其中一名哨兵在檢查行李箱時，發現有六個接縫處鼓得緊繃繃的
大袋子。

　　哨兵立即斥聲問道：「裡面裝了什麼東西？」

　　「泥土。」司機答道。

　　「把袋子拿下來，我要檢查。」哨兵大聲命令著。

　　這個人便乖乖地將袋子全搬了出來，果真袋子裡面除了泥土
之外，就沒有發現其他可疑的東西了。

雖然哨兵心中存疑，但是在找不到證據的情況下，只好讓他通行。

一個星期後，這個人又開著另一輛車來到了邊界，同一名哨兵再次上車仔細檢查他的行李箱。

「這次袋子裡面裝了什麼啊？」哨兵問道。

「土，又運了一些土。」那人回答。

哨兵仍舊不相信，再次要求對那些袋子進行檢查，結果仍然一無所獲。

相同的事情幾乎每週都要重演一次，一直持續了六個月後，哨兵實在被煩擾得灰心喪氣，最後竟辭職了。

後來，有一天深夜，這個離職的哨兵湊巧在酒吧裡遇見了那個運送泥土的人，只見他渾身酒氣的模樣走了進來。

哨兵忍不住上前問他：「老兄，你能不能幫我解決一道難題？今晚你喝的酒全部由我請客，只要你告訴我，那段時間內你到底在運送什麼東西？」

那個人轉身過來，接著便湊近哨兵的耳朵邊，笑嘻嘻地說：「汽車！」

你是否曾經懊悔地說：「啊！我怎麼沒發現！」或曾驚呼：「咦？怎麼會發生這麼大的漏洞？」

每個人在處事時難免會有一些遺漏，因為很多人無法以正確的網，網住自己準備捕捉的目標物，就像故事中的哨兵，明明已經對準了其中的問題目標，卻還是讓走私客從他破漏的網眼中一再逃脫。

　　之所以會發生如此情況，關鍵是因爲頭腦簡單的哨兵始終都盯著車廂上的土堆，視線只網住了車廂上的物件，卻把其他相關的可疑事物，包含車子本身全部遺漏了。

　　這個走私的壞人無疑替哨兵上了一課，我們也從中獲得了一個另類省思，不是完全專注於一件事物上就能獲得成功。

　　因爲，每個人的思考或視線都一定會有盲點或死角，如果不想讓這些盲點成爲我們網羅成功的大缺口，除了緊捉住目標物不放外，還要懂得運用眼角的餘光去搜羅其他有助於我們成功達成目標的助力。

　　每張網都一定會有漏洞，我們要依據目標身邊的雜質大小，聰明地選擇洞的大小，如此一來，我們才能把那些無用的雜物一一篩除，讓最終的目標物更加明確清晰。

從抄襲中尋找成功的機會

只有從抄襲之中找出新的方向和點子，成功的機會才會源源不斷地出現在你身邊。

華爾街有句流行警語這麼說：「人總是不停地淘汰過時的機器，卻忘了淘汰過時的腦袋。」

現代社會進步快速，競爭的激烈程度也與日俱增，在這個講求速度和能力的時代裡，不思變通只會增加自己被淘汰的機率。

三個經濟學家和三個數學家一起坐火車旅行，數學家乖乖地買了三張票，但這三位經濟學家卻只買了一張票。

數學家不禁納悶地問經濟學家：「三個人怎麼可以只買一張車票？這樣會被罰款的！」

這三位經濟學家只是笑笑，並沒有回答。

等到查票員準備進車廂查票時，三個經濟學家便一起躲進洗手間，當查票員敲門時，經濟學家沒有開門，只是從門縫裡將車票遞出來。查票員看了看車票之後，就繼續到別的車廂查票去了。

數學家們一看，覺得這真是個好辦法，回程時也如法炮製，

只買了一張票。

但是，這一次，三個經濟學家卻連一張票也沒有買。

「你們這次怎麼一張票都不買？」數學家們百思不解地問，經濟學家們仍然只是笑而不答。

當查票員準備查票時，三位數學家依樣畫葫蘆地馬上躲進洗手間。

經濟學家們看到數學家都躲進洗手間後，隨即敲了敲門，然後將數學家們遞出來的車票拿走。

活在這個高度競爭的年代，做人做事一定要有一些創意。

想在險惡的人性叢林中求生存，聰明的人考慮問題、制定謀略的時候，一定要兼顧利與害。既要充分考慮到有利的方面，同時也要考慮到不利的一面，保持清醒的頭腦，才不會衍生不必要的後遺症。

一個好的方法，第一次使用時是創意，接下來使用的人就是抄襲了。

雖然社會上的抄襲遠多於創意，不過抄襲也是需要用心的，必須靈活變通，如果只是一成不變地模仿別人的創意，那麼便很容易產生跟故事裡的數學家一樣的情形。

只有從抄襲之中找出新的方向和點子，才不會被「壞人」唬弄，成功的機會才會源源不斷地出現在你身邊。

自我節制，是邁向成功的第一步

如果你想成功，就必須懂得控制自己、懂得抗
拒誘惑，那麼你才能循著自己的目標，獲得理
想的成果。

人是最喜歡考驗別人的動物，現實生活中這種「壞人」很多，
如果你想通過考驗，把他們變成有用的貴人，那麼首先就得學會
「自我節制」。

「節制」兩個字說來容易，做起來卻很難，有時候，就算已
經提醒自己要節制，但我們還是會不由自主地被外在環境誘惑和
影響。

有一個商人，在商店的櫥窗上貼了一張徵人廣告：「誠徵一
個能自我克制的年輕人，薪水每星期六十美元。」

這個特別的徵人廣告在小鎮裡引起了討論，也引來了眾多躍
躍欲試的求職者，但是每個來求職的人都要經過一個特別的考試。

商人要求求職者必須在他的辦公室裡，毫不間斷地朗讀一段
文章。可是，在朗讀開始的時候，商人會放出六隻小狗，小狗們
在求職者的腳邊玩鬧，每個求職者都會忍不住地看看這些可愛的

小狗，視線一轉移，朗讀就會停止，當然求職者也就失去了機會。

商人前前後後面試了七十個人，卻沒有一個人達到標準。最後，終於出現了能一口氣讀完的求職者。

商人很高興地對這位求職者說：「我想你應該知道有小狗存在。」

求職者點點頭，並且微微一笑。

「那麼，為什麼你不看牠們？」

求職者回答：「因為我說過，我會毫不停頓地讀完這一段。」

商人讚賞地點點頭說：「你錄取了。我相信，你以後一定會成功的。」

商人說得沒錯，這個年輕人日後果然成為了著名連鎖企業的經營者。

在這個人人都想出頭的年代，人往往會處心積慮地塑造自己，試圖以完美的形象與表現出現在公眾面前，讓人無法立即透視。但是，不管再怎麼會製造假象，有些喜歡考驗別人的「壞人」就是能透過各種方法了解真相。

因此，不論是求職，還是有求於人，你都必須時時自我節制，才不會在面對考驗之時被人看破手腳。

我們經常可以看到打架鬧事、酒醉駕車等醜態百出的新聞，這些都是因為不懂得節制才會造成的後果。

一個知道節制的人不會做出越矩的事，更不會因為一時的誘惑而破壞原本的計劃，所以，如果你想成功，就必須懂得控制自己、懂得抗拒誘惑，那麼你才能循著自己的目標，獲得理想的成果。

適時切斷自己的慾望

只有聰明的人,才懂得在適當的時候切斷自己
的慾望,而且只有適時地切斷自己的慾望,你
才能達成更多的願望。

每個人都會有慾望,不論是名還是利,總是希望越多越好。

雖然慾望是讓人奮發向上、勇往直前的動力,但是,慾望要
是太超過了,就會變成貪婪。如果什麼都想要,貪得無饜的結果,
反而會讓自己落得什麼都沒有的下場。

有一個神仙下凡閒遊的時候,正好遇見一個凡人在趕路,於
是便與這個凡人結伴同行。凡人走到一半時突然覺得口渴,見這
位同伴的腰間掛著一個葫蘆,於是便開口問道:「你的葫蘆裡面
有沒有裝水?」

神仙慷慨地解下腰間的葫蘆,遞給凡人說:「這裡有滿滿一
葫蘆的水,你要喝就儘管喝吧!」

凡人喝了葫蘆裡的水之後,不但止了渴,還覺得精神百倍,
趕路的疲勞似乎都消除了。又走了一會兒,凡人突然異想天開地
看著葫蘆說:「要是你的葫蘆裡裝的是酒,不知該有多好!」

神仙笑了笑，又把葫蘆遞給了凡人，說道：「裡面是滿滿一葫蘆的酒！你想喝就喝吧！」凡人半信半疑地接過葫蘆，一喝之下，發現裡面的水竟然都變成了酒，而且香醇無比。

凡人非常驚訝，心裡暗自想道，自己一定是遇上神仙了，不然怎麼可能要什麼有什麼呢？

凡人發覺了這一點，很高興地對神仙說：「你的葫蘆裡要是裝著可以長生不老的仙丹，該有多好！」

神仙聽了凡人的話，便笑著打開葫蘆的塞子。凡人以為神仙要把仙丹倒進自己的口中，便張開嘴等著接，沒想到神仙什麼也沒有倒出來，只是搖了搖葫蘆，就這麼消失蹤影了。

俄國文學家克雷洛夫曾經在預言故事中說：「貪心的人想把什麼都弄到手，最後結果卻是什麼都失掉了。」

只有聰明的人，才懂得在適當的時候切斷自己的慾望。

當然，所謂的切斷，並不表示你必須就此放棄，而是要你換個恰當的方法來達到目的。

就像故事中的凡人，如果不是那麼急躁地要得到長生不死的仙丹，神仙也不會覺得他貪得無饜，這麼快地消失。

做事時也是如此，循序漸進一定比毛毛躁躁來得穩當，只有適時切斷自己的慾望，你才能達成更多的願望。

別讓「優勢」成為鬆懈的藉口

如果優勢不能成為助力，反而會成為阻力的
話，那麼這項優勢也失去了意義，只是一個虛
有其表的裝飾品罷了。

要得到競手的優勢，對現代社會來說，並不是非常困難的事，尤其科技的發達，讓訊息和資源的取得都變得比以往要容易。

但是，即使擁有了優勢，也不保證接下來就會一切順利。有時候，優勢反而會讓自己開始疏忽、大意，變成絆腳石。

有三個旅客同時住進了一家旅店。早上三個人要出門的時候，第一個旅客帶了一把傘，第二個旅客拿了一根拐杖，第三個旅客則什麼也沒有帶。

回來的時候，第一個帶著傘的旅客居然全身都溼透了，第二個拿著枴杖的旅客則摔得滿身是傷，而第三個什麼都沒帶的旅客，卻平安無事地回來了。

旅店老闆覺得很奇怪，便問第一個旅客說：「請問你為什麼全身溼透了呢？你不是有帶傘嗎？」

第一個旅客回答說：「因為我拿了傘，所以下雨時，我毫不

在乎地快步向前走，沒想到卻被地上的積水弄得全身都濕透了。」

老闆接著問第二個拿枴杖的旅客說：「你爲什麼摔得全身是傷呢？」

第二個旅人回答道：「因爲我拿了枴杖，所以在泥濘的路上我就拄著拐杖快步走，卻因爲地上太滑，枴杖撐不住而摔跤。」

第三個旅人聽完前面兩人的話，不等老闆開口便說道：「我之所以平安無事，是因爲雨來的時候，我就去躲雨；路不好走時，我就小心地慢慢走。」

日本心理學作家邑井操，在《決斷力》一書中寫道：「一個成功者之所以與一般人不同，就在於他能夠在勝負未分之前，對自己的應變能力充滿信心，然後去謀取獲得勝利的條件。」

至於失敗者之所以失敗，往往就是引用錯誤的情報錯估形勢，或者昧於知人，喜孜孜地把別人包藏禍心的建議，當成對自己有利的忠言，事前既不查證，事後又對自己的失敗感到莫名其妙。

如果你的優勢反而讓你鬆懈的話，那麼這種優勢還不如不要！

優勢只是幫助你節省時間的工具而已，它需要運用，功能才會出現；如果這項優勢非但不能成爲你的助力，反而會成爲你的阻力的話，那麼它就失去了原有的意義，只是一個虛有其表的裝飾品罷了。

換個角度，就會更加突出

樂觀的人，可以在每個憂患中看到機會；但悲 觀的人，卻只能在每個機會中只看到憂患。

　　很多人因為了找不到商機而唉聲歎氣，卻不嘗試換個角度觀察市場，洞悉消費者的需求，當然找不到成功的契機。

　　市場不僅是由消費者組成的，還包括了這些消費者的需求。有需要，才會購買，所以只要掌握了消費者需求，就一定有辦法創造商機。

　　有一位老人對他的兩個兒子說：「你們的年紀也不小了，也該到外面去見見世面了，等你們磨練夠了之後，再回來見我吧！」

　　於是，兩個兒子遵從父親的囑咐，離開家鄉到城市裡開開眼界。沒想到才過了幾天，大兒子就回家了。

　　老人看到大兒子回來，有些驚訝地問他說：「怎麼回事？你怎麼這麼快就回來了呢？」

　　大兒子很沮喪地回答：「爸爸，你不知道，城市的物價實在高得太可怕了！連喝水都必須花錢買，在那裡怎麼生活得下去呢？

很多人賺的錢都還沒有花的多呢！」

　　過了幾天，二兒子打了一通電話回來，興奮地對父親說：「爸爸，城市裡到處都是賺錢的好機會！連我們平常喝的水都可以賣錢！我決定留在這裡好好地開創一番事業。」

　　過了幾年，因為二兒子看準了城市中飲用水的商機，並且掌握了大部分礦泉水和蒸餾水的行銷管道和市場，所以很快地佔領了水的市場，成為數一數二的富豪。

　　經過金融海嘯衝擊，我們面臨的競爭環境比以前任何時代都要激烈萬分。如果你不設法讓自己更積極一點，更樂觀一點，就無法找到新的切入點，就只能在不景氣的洪流中載浮載沉。

　　任何地方都會有市場存在，只是你能不能看到這個市場的潛在需求到底在哪裡。

　　有句俗話說：「樂觀的人，可以在每個憂患中看到機會；但悲觀的人，卻只能在每個機會中只看到憂患。」

　　商機是無所不在的，只要換個角度、換個心態，你就能看到別人所看不見的商機，掌握需求，你就可以異軍突起。

PART 3

用另類的方式
改變對方的態度

溝通，並不是一味強迫對方接受自己的想法，也不是一味屈躬卑膝試圖改變對方自以為是的態度，而是以恰當的方式找出彼此的折衷點。

戰勝身邊的小人

只要讓自己快速學會對付小人，你就能在小人
欺負你時，知道如何見招拆招，反過來牽著對
方的鼻子走！

作家蒙森曾說：「凡是小人，通常都有一個共同點，那就是
他們往往都會戴著貴人的面具出現在你身邊。」

因此，千萬別天真地以為在你最困難無助的時候，向你伸出
援手的人，就是拯救自己的貴人，因為，這個在你眼中的「貴
人」，極有可能就是在背後讓你陷入困境的那隻黑手。

為人處世有個很重要的教訓是：不可太信任別人。當然，這
並不是教你陷入另一個極端的猜疑，而是提醒你凡事要先進行了
解，千萬不要因為人家說什麼，你就照著做什麼，否則就會被身
邊的小人耍得團團轉。

紐約電話公司的總經理麥卡隆，因為小時候被人開了一次大
玩笑，於是學會了自我判斷與自我解決事情的能力。

當時他還是個小孩，雖然工作經驗還不少，卻很容易上當。
那時的他在火車站的車道上做各種零工，常常受到一些工人的愚

弄。

在一個炎熱的夏天中午，位於山岩與河流之間的車站熱得像鍋爐一樣，有個叫比爾的工頭，卻煞有介事地要求麥卡隆去拿一些「紅油」，以便晚上點「紅色的電燈」之用。

他告訴麥卡隆「紅油」得到圓房子裡拿，麥卡隆恭恭敬敬地接收指令，便到那裡跟他們要「紅油」。

「紅油？」那裡的職員十分奇怪地問：「做什麼用的呢？」

「點燈用的。」麥卡隆解釋說。

「啊，我曉得了。」那個職員心中似乎明白了，「紅油是在過去那個圓房子的油池裡。」

於是，麥卡隆就在那滾燙的焦煤碴上又走了一里路之遠。到了油池那裡，有人告訴他「紅油」並不在那裡，更不知道那是什麼東西，於是便叫他到站長的辦公室裡去問清楚。

麥卡隆在大太陽底下，就這麼來來回回走了一整個下午，最後他著急了，便跑去問一個年老的工程師。

這個慈祥的老工程師心疼地望著他說：「孩子呀！你不曉得那紅光是紅玻璃映射出來的嗎？你現在回到工頭那裡去和他理論吧！」

麥卡隆得到這次教訓後，發誓以後絕不要像呆了一樣，被人玩弄了還搞不清楚狀況，他決心以後做任何事都要把眼睛睜大，耳朵聽仔細，腦袋瓜子也不再只是用來放帽子的地方。

現實的社會充滿陷阱，處處可以見到欺騙、訛詐、巧取豪奪；複雜的人性捉摸不定，有時散發著善良的光輝，有時流露著醜惡

的慾望。

每個人的身邊都會圍繞一群小人，諷刺的是，我們都曾因為認識不清，對這群小人深信不疑。在這個大家認為「小人不能惹」的年代中，具備一點心機，做好自保工作，無疑是防範小人耍奸耍詐的首要課題。

害怕被小人愚弄、欺負嗎？那麼你就要把眼睛睜亮點，腦子放靈活些，懂得判斷，並且努力學習。

只要讓自己快速上手，你就能在小人欺負你時，知道如何見招拆招，反過來牽著對方的鼻子走！

不要習慣依賴別人，也別老是等待別人的答案，你必須要有自己的判斷力，要有自己看待人事物的方法，多用自己的大腦去思考，你才能走出自己的路。

誇大其詞可以使小人原形畢露

只要你肯花心思，活用一些技巧，就不會因為
受制於這些小人而大傷腦筋。

法國文豪雨果在他的著作《鐵面人》中，曾經這麼譏諷地寫道：「天底下最可憐的笨蛋，是那些從來不懷疑別人可能言行不一，而對別人所說的話一味地信以為真的人。」

實話實說當然是一種美德，但是，當你急於摸清一個人的真實樣貌，或是一件事情的真相，單刀直入不一定有效。

這時，你就必須懂得「誇大其詞」。

法國的寓言故事作家兼詩人拉封丹，非常喜歡吃馬鈴薯。

有一天，僕人為他端來了一個剛出爐的馬鈴薯，拉封丹卻嫌馬鈴薯太燙，於是把它先放在飯廳的壁爐上待涼，便起身去辦別的事情了。

可是，等拉封丹回來時，馬鈴薯卻不見了，他想起僕人好像曾經去過飯廳，便猜想，一定是僕人把它給吃了。

於是，他大聲地呼喊：「喔！我的天！是誰吃了我的馬鈴

薯？」

「不是我。」那個僕人回答說。

「那我就放心了。」拉封丹裝出一副放心的模樣，鬆了一口氣。

「爲什麼這麼說？」僕人不解地問。

「因爲，我剛在馬鈴薯上加了毒藥啊！」

「不是眞的吧？我的天！你在上頭加了毒藥……那我不就中毒了！」僕人聽到後十分地驚慌。

拉封丹知道偷吃的人是誰了之後，便笑著說：「放心吧！我騙你的啦！不這麼講，我怎麼有辦法知道事情的眞相呢？」

人爲了掩飾自己的錯誤，或是基於保護自己的心理，常常不由自主的編造一些謊言掩飾眞相，這時就得「引蛇出洞」。

想引蛇出洞，有時得「危言聳聽」，攻破人心的弱點，這是寓言詩人拉封丹對付狡詐小人的絕妙技巧。

日常生活也是如此，對於那些貌似忠厚的小人，有時候只要略施小技，也能使他們原形畢露。

甚至一個轉念和方法的改變，都能讓事情的另一個面貌眞實呈現，只要你肯花心思，活用一些技巧，就不會因爲受制於這些小人而大傷腦筋。

適時退讓可以抑制對方的鋒芒

以自嘲的方式，讓自己從尷尬中站起來，或是
以卑微的態度，減少對手的敵意，這些都是
「以退為進」最常用的成功方法。

當眾受到別人羞辱是件非常難堪的事，但是，就算你氣得七
竅生煙，也不一定能擊退對方。

這時，不妨以不同的方式解決，不用聲調高亢地加以辯駁，
也不用尖酸刻薄地反唇相譏，而是適時利用退讓使自己前進，以
包容的讚賞讓對手失去鋒芒，使對方不戰而敗，知難而退。

大文豪蕭伯納的新作《武裝與人》，首次公演便獲得了熱烈
的迴響。

當觀眾在劇終要求蕭伯納上台，接受大家的祝賀時，卻突然
聽見一個人對著他大喊：「蕭伯納，你的劇本糟透了，誰要看？
回去吧！停演吧！」

所有觀眾都大吃一驚，許多人猜想，蕭伯納這時肯定會氣得
渾身發抖，或許也會有所反駁。

但是，蕭伯納非但沒有生氣，還笑容滿面地朝向那個人，深

深地一鞠躬，非常有禮貌地說：「我的朋友，你說得很好，我完全同意你的意見。但遺憾的是，我們只有兩個人，實在很難抵抗這麼多的觀眾吧？就算我和你意見相同，也無法禁止這場表演，不是嗎？」

蕭伯納說完這幾句話後，立即引來了全場如雷的掌聲；至於那位故意挑釁的傢伙，就在觀眾的掌聲中，偷偷地溜走了。

失意與挫折是每個人都沒有辦法逃避的人生考驗，如何用幽默樂觀的心態面對，無疑是相當重要的。

當現實環境不如預期，不妨發揮幽默感，許多苦惱都會雲淡風輕。

以退為進，是待人處事的高超技巧。

有時候，我們會看見別人以自嘲的方式，讓自己從尷尬中站起來，或是反其道而行，以卑微的態度，減少對手的敵意，並讓自己有機會再次伸展，這些都是「以退為進」最常用的成功方法。

「以退為進」的道理很簡單，方法也很容易，只要你肯適退讓一步，你就能換得前進一步的機會。

用另類的方式改變對方的態度

溝通，並不是一味強迫對方接受自己的想法，也不是一味屈躬卑膝試圖改變對方自以為是的態度，而是以恰當的方式找出彼此的折衷點。

面對那些自以為是、自恃甚高的人，有時一味表現出謙遜的態度，只會使自己一再受到羞辱。

當你忍無可忍的時候，不妨和對方進行一場「另類的溝通方式」，如此才能改變對方的態度。

羅斯福在四十二歲時就當上了總統，而且是美國歷史上最年輕的總統。

由於他是第三十二任總統富蘭克林・羅斯福的堂叔，所以人們通常尊稱他為「老羅斯福總統」。

老羅斯福在他二十三歲時，就意氣風發地當上了紐約州議會的議員，當時有許多人都鄙夷地認為他是個不學無術的貴公子，只不過是靠著身家背景才冒出頭。某天傍晚，他散步來到一家酒吧，正準備喝杯啤酒時，正巧看見一個名叫約翰・科斯特洛的資深議員，正和他的兩個老朋友喝酒。

　　當科斯特洛看見老羅斯福走進酒吧，便譏笑他說：「喂！乳臭未乾的小鬼，你沒得感冒吧？」

　　但是，羅斯福並不理會他的嘲弄，於是科斯特洛繼續高聲叫道：「你這個該死的貴公子！」

　　羅斯福聽到這句話後，便把眼鏡拿了下來，慢慢地走到科斯特格的面前，二話不說，一拳就把科斯特洛打倒在地，就在眾人訝異之際，羅斯福接著又是一拳，把科斯特洛的朋友也打倒在地。

　　另一個人看到這個情況後，只好馬上拔腿就逃。這時，羅斯福轉身對站起身子的科斯特洛說：「你去洗把臉吧！洗完後再和我一起喝酒。」

　　科斯特洛只好乖乖地照辦，羅斯福在離開前對他說了一句話：「聽好，你在有身份的人面前，也要表現得像個有身份的人！」

　　所謂的溝通，並不是一味強迫對方接受自己的想法，也不是一味屈躬卑膝試圖改變對方自以為是的態度，而是以恰當的方式找出彼此的折衷點，如此才不會被人看扁了。

　　也許羅斯福動手打人，不免讓人覺得沒有風度，也讓人感到吃驚，但是，之後的說理，卻表現出他思考的條理和有勇有謀的智慧。因為，他打人並不是一時年少氣盛的反撲，而是一種為自己爭取尊重的溝通方式。

　　在這個欺善怕惡的社會中，往往這樣迅速果斷的行動表現，才能為自己爭取到應有的肯定與尊重。

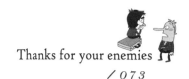

情緒會洩露一個人的底細

在這個偽詐多變的社會中，你不僅要學會控制
自己的情緒，也要看得懂別人的情緒和脾氣。

有的人喜歡妝點自己，平日一副道貌岸然的模樣，說起話來頭頭是道，儼然是博學多聞的紳士。

但是，這樣的人只要一被激怒，就會自動現形，讓別人看清他們原來的德性。

日本某家電視台，找了一百位議員來上節目，節目中由主持人發問，然後再聽取這些議員的意見。

由於節目是現場直播，而且每位議員都被分隔開來，因此並不會看到彼此回答的情況。不久，主持人開始提出詢問，每一個問題都非常嚴苛，並且直涉核心。剛開始時，這些議員們都回應得不錯，但是，在主持人猛烈且毫不客氣的質問下，慢慢地有些人開始回答得亂七八糟。

這讓許多人甚至是主持人，都對他們產生了藐視的心態。接著，主持更提出了一個敏感的問題，這時有個議員發怒了，生氣

地對主持人說：「別開玩笑了，我不會再回答你的任何問題。」

說完後，這個議員便氣憤地離開了，不過攝影機仍一路跟拍，還將他離開會場的情況也拍攝下來。

其實，這個節目早已設計好了陷阱，目的就是要讓對方陷入圈套。

因為，議員們平時在議會或記者會上，只會說些冠冕堂皇而公式化的見解，很難聽到他們的真心話，所以，為了讓議員們能說出心裡真正想說的話，節目的製作團隊想出了許多點子和問題，更企圖以刻薄的問題，來引爆他們的脾氣。

而這個方法也真的奏效了，這群在議會上對答如流的議員，不只說出了平日所不會回答的問題，也真實地表現出他們的脾氣和做事的態度。

法國哲學家尚福爾曾經說過：「在重大事件中，人們所展現的是自己最完美的一面，只有在瑣事中，他們才會暴露出本來的面貌。」

修養不夠或是能力不夠的人，其實一探便知，他們只要被別人激怒，就會原形畢露，而且往往不知道如何控制自己的情緒，是非常容易攻破心防的對手。

在這個偽詐多變的社會中，你不僅要學會控制自己的情緒，也要看得懂別人的情緒和脾氣；能夠知己知彼，你才不會受制於人，反而能將對手操控於手掌之中。

沈住脾氣，才能輕鬆解決問題

沉住脾氣，把問題反覆思考後，再一針見血地
指出來，有建設性的提出意見，你才能真正的
把問題輕鬆解決。

「裝腔作勢」並非是投機取的小人才會耍的心機，有時候你
我耳熟能詳的成功人士，也都曾經在關鍵時刻做出這種舉動。

「裝腔作勢」並不一定是件壞事，有時候它只是一種情緒的
偽裝，幫助自己沉住脾氣，冷靜解決問題。

伊利諾州參議員梅迪爾‧麥考密克的夫人相當活躍、難纏，
經常代夫出征，四處進行遊說。她曾經動員芝加哥的波蘭人，到
總統府去訪問，目的是讓聯邦政府對一名波蘭裔的芝加哥人，能
獲得公正的司法判決。

當團員被帶進總統辦公室時，柯立芝總統仍十分嚴肅地坐在
椅子上，很專注地看著一條地毯。

過了很久，柯立芝總統才抬起頭說：「這地毯真不錯！」

這群來造訪的人都禁不住笑了，他們帶著驚奇，附和地點點
頭，這時，柯立芝總統又說：「這是一條新的地毯，花了不少錢

呢！」

　　這時的辦公室，沉重的氣氛已經解除了，於是，柯立芝總統說道：「這條新的比那條舊的耐用，你們放心好了，我會幫你們找個好法官的。」

　　原本一場充滿火藥味的拜會行程，就在輕鬆的氣氛中結束了。

　　總統接待施壓團體，原來是件很嚴肅的政治活動，沒有處理好，肯定會形成僵局。但柯立芝總統卻能把氣氛變得十分輕鬆自然，使嚴肅的代表團員反而放鬆了心情，在這樣的氣氛下慢慢地引入正題，並把意見說了出來，問題也在輕鬆的氣氛中解決了。

　　身為一個政治人物，任何的動作或發言，都有著一定的影響力，柯立芝總統引入正題的方法，其實並沒有什麼技巧，只是，他比別人更加細心地緩和彼此的情緒而已。不願造成爭論，也不願看見群眾的情緒激動，所以在他生活化的開場白中，同時也正在思考如何給施壓團體一個滿意的答覆。

　　而這也正是許多人無法解決事情的關鍵！一有事情發生，多數人只知急躁地辯駁或爭論，而不會先靜下思考解決之道。

　　其實，冷靜地想一想，我們是不是常常只顧著抱怨，而忘了徹底的反省呢？結果事情又處理得如何呢？想解決問題，先學一學柯立芝總統的智慧吧！沉住脾氣，把問題反覆思考後，再一針見血地指出來，有建設性的提出意見，你才能真正的把問題輕鬆解決。

惡言相向，不如運用反諷的力量

> 與其惡言相向，不如運用幽默來反諷，反而更能直指人心，讓對方得到啟發和教訓。

美國作家雷普利爾曾經這麼說：「幽默能帶來悟力和寬容，冷嘲則帶來深刻卻不友善的理解。」

大家都明白，日常生活中應該儘量用幽默來化解人際之間的摩擦，不過，幽默其實只適用於某些有涵養的人，至於那些高傲自大的小人，恐怕只配接受別人的冷嘲熱諷。

有一次，生物學家格瓦列夫在講課時，有個學生突然在台下學雞叫，並且引來了全班同學的大笑。

這時，格瓦列夫鎮定地看了看掛錶，說：「咦，是我的錶壞了吧！沒想到現在是凌晨時分哩！不過，無論如何，我很確信一件事，公雞報曉是一種低能動物的本能。」

格瓦列夫的這幾句話，當場讓這個惡作劇的學生無地自容。

據說俄國詩人普希金年輕時，曾在彼得堡參加一個公爵的家庭舞會。

當他邀請一位小姐一起跳舞時，這位小姐卻極其傲慢地說：
「我才不和小孩子跳舞呢！」

普希金雖然遭到莫名的奚落，但他並未發怒，反而笑著說：
「對不起！親愛的小姐，我不知道您肚子裡懷了孩子。」

普希金說完後便離開了，只留下那位紅了臉的小姐，無言以
對。

人只要具備從容處世的能力，就能輕鬆面對窘境，像格瓦列
夫和普希金一樣戰勝身邊那些討厭的傢伙。

生活中的任何窘迫情況，我們都有可能碰到，不管是令人尷
尬還是令人生氣的情況，與其惡言相向，不如運用幽默來反諷，
反而更能直指人心，讓對方得到啓發和教訓。

不管事情發生得合理與否，我們都要學會巧妙地化解。

也許用個小技巧，也許用我們學來的知識與智慧，巧妙地加
以回敬，有時候反而更能達到自己的目的。

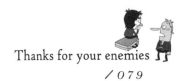
不要活在自以為是的框框

勝海舟曾說：「乘勢而起、虛名滿天的人，一旦時過境遷便不值一提。」一時的春風得意，又有什麼好驕傲的呢？

三人行必有我師，學歷高的人不一定比學歷低的人能力好，也不是年紀大的人，就一定比年紀輕的人更聰明能幹，更有辨別能力。

人應該要有相互學習的雅量，而不是侷限在自以為是的小框框裡。

英國戲劇家蕭伯納在造訪蘇聯時，曾遇到一位很可愛的小女孩，蕭伯納非常喜歡這個小女孩，還和她玩了許久。

臨別時，蕭伯納對小女孩說：「回去後記得告訴妳媽咪，就說今天你和世界上很有名氣的蕭伯納玩了一天！」

說完，蕭伯納心裡得意地想，當小女孩知道自己是和一位名人玩耍之時，一定會驚喜萬分。

「您就是蕭伯納伯伯？」

「怎麼，難道我不像嗎？」

「是啊，可是我不懂，爲什麼要告訴媽媽呢？那麼請您回去之後，也記得要告訴您的媽媽，就說今天有一位蘇聯的小女孩和你玩耍喔！」

蕭伯納聽了，驚訝得說不出話來，也立刻意識到自己太自以爲是了。

蕭伯納深有所感地說：「不論你有多大的成就，都絕不能驕傲、自誇，因爲每個人都應該平等相待，更要懂得謙虛和自重。那天，小女孩爲我上了一堂寶貴的課程，所以她也是我的老師，一輩子我都不會忘！」

人一旦有了些微成就、地位、名氣，往往就會驕傲、自大、自以爲是，而且言行中流露出「小人得志」的惡習。

日本明治維新的元勳勝海舟曾說：「乘勢而起、虛名滿天的人，一旦時過境遷便不值一提。」

一時的春風得意，又有什麼好驕傲的呢？

沒有一個人的生活會和你完全一樣，因爲彼此存在著差異，所以在思想、態度、和處事方法中，也都會有所不同。

如果能交換彼此不同的學習心得，不侷限自己，讓生活處處都有學習的機會，那麼你才不會囚在自己的世界裡，找不到自己的天空。

廣交朋友不如減少敵人

如果你交了許多朋友，同時也製造了許多敵人，那麼建議你，把交朋友的心思，分一些在如何避免與人為敵的思考上吧！

中國有句諺語說：「路不要走絕，話不要說死。」

的確，在社會上行走，多給自己留轉寰的空間，千萬動輒樹立敵人。萬一遇到一時難以解決的問題或是糾紛，不妨平心靜氣地化解。

只有建立和諧的人際關係，才能厚植自己的實力。

一七五四年，喬治‧華盛頓上校率領著部屬駐防在亞歷山大市。此時，正值維吉尼亞州進行議員選舉，華盛頓也投入選舉活動，支持某位候選人。

但是，當地有個名叫威廉‧培恩的意見領袖，卻非常不以為然，極力反對華盛頓支持這位候選人。

有一次，華盛頓就選舉問題，與培恩展開了一場激烈的爭論，激辯中竟出現了一些極不入耳的髒話，培恩聽了火冒三丈，一拳揮過去便把華盛頓給擊倒在地。正當聞訊趕來的士兵，氣憤地要

爲長官報仇時，華盛頓卻阻止他們，並命令他們安靜地回營地去。

翌日，華盛頓託人帶口信給培恩，邀請他到當地的一家酒店會面。

培恩緊張地來到酒店，猜想這個約會不懷好意，恐怕會是一場惡鬥。但出乎意料之外的，迎接他的卻是一雙友善的手。

一進門，華盛頓就立刻站起來，笑容可掬地張開雙手歡迎他，並誠摯地說：「培恩先生，每個人都免不了犯錯，肯誠心認錯的人，才是眞正的英雄。昨天確實是我不對，你也已經採取行動挽回面子，如果你覺得那樣已經足夠了，現在請握住我的手，讓我們來做個朋友吧！」

這場風波就這樣平息了，而華盛頓從此也多了一個擁護者，那個人就是威廉・培恩。

「多交一個朋友，不如少一個敵人」，一定有人覺得這句話很矛盾，但是，這卻是爲人處世的精闢之言。

如果你交了許多朋友，同時也製造了許多敵人，那麼建議你，把交朋友的心思，分一些在如何避免與人爲敵的思考上吧！

只要少了個敵人，就等於多一個朋友，畢竟，想化解彼此之間的仇恨，需要足夠的耐心和誠意。

一如華盛頓的處理方法，如果你以爲他只是多了一個擁護者，那你就錯了，因爲他所贏得的榮耀與崇拜，絕對在你我想像之外。

PART 4

用信念改變命運

受到挫折時，
歸咎於命運是很多人會尋找的藉口，
但是別忘了，就算挫折真的是命中注定，
你的信念和意志，仍然可以改變挫折的結果。

從錯誤中迅速進步

犯錯是為了求進步，所以你可以犯許多不同的
錯，然後從不同的錯誤中學到不同的經驗和教
訓。

　　每個人都有可能犯錯，犯錯其實並不可恥，讓犯錯成為可恥
的方式只有一種：不斷地犯同樣的錯。

　　如果你也是這樣的話，又如何將週遭的「壞人」變成貴人呢？

　　王先生在公司裡已經是很資深的員工了，可是職位卻一直沒
有提升。雖然他已經待了二十多年，對公司的一切事務也都很了
解，但依然只是個基層職員而已。對於這個情形，王先生也不知
道到底是為什麼。

　　這一天，眼看一個進公司還不到一年的新人被提升為主任，
王先生再也忍受不了了，決定前去找老闆理論，問清楚到底為什
麼一直不讓他升級。

　　王先生開門見山地對老闆說：「我在這家公司已經做了二十
年，比你提拔的新人還多了二十年的經驗，為什麼你寧願升他也
不要升我？」

　　老闆聽完王先生的抱怨，心平氣和地回答道：「你說錯了，其實你只有一年的經驗而已。」

　　王先生覺得很驚訝，反問老闆：「為什麼我只有一年的經驗？」

　　老闆回答：「因為你沒有從自己的錯誤中學到任何教訓！你到現在都還在犯你第一年剛進公司時會犯的低級錯誤。」

　　文藝復興時期的大藝術家達文西說：「鐵不用就會生銹，水不流就會發臭，人的智慧不用就會枯萎。」

　　確實如此，唯有懂得運用智慧的人，才可能激發高明的創意，為自己創造出無可比擬的競爭力。

　　別急著抱怨別人老是對你那麼壞，先想一想，你是不是跟故事中的王先生一樣，做事不用腦袋，一點都不值得期待？

　　同樣的錯誤，犯第一次時可以原諒，第二次可以當作是不小心，犯第三次就代表你根本不用心！

　　犯錯是為了求進步，所以你可以犯許多不同的錯，然後從不同的錯誤中學到不同的經驗和教訓。如此，從錯誤中反而可以學習正面的結果。

　　如果，你只是一直重複同樣的錯誤，不只得出的結果是負面，連自己在別人眼中的形象也會成為負面。

把學歷轉化成能力

文憑就跟外表一樣,雖然一開始容易吸引眾人
的目光,但是沒有缺乏真材實料的內在,也只
是無用的裝飾品而已。

現代社會中,學歷的重要性是無庸置疑的,大學畢業也已經
成了最基本的標準。但是,如果沒有眞才實學的話,再好的文憑
和學位,也沒有辦法成爲不可取代的優勢。

肯尼迪高中畢業後就開始找工作,偶然間發現了一則徵人廣
告:某家知名的出版公司要招聘一位負責五個州內各書店、百貨
公司和零售商的業務代表,薪水是一個月一千六百美元到兩千美
元,另外還有工作獎金、出差費和公司配車……等等。

這是肯尼迪夢寐以求的工作,可惜,他在面試的時候就被拒
絕了。

主管很客氣地對肯尼迪解釋爲什麼拒絕他的理由:第一、他
的年紀太輕;第二、他沒有相關的工作經驗;第三、他只有高中
畢業而已。

肯尼迪竭盡所能地毛遂自薦,但是主管的態度仍然十分堅決。

這時，肯尼迪靈機一動，對主管說：「反正你們這個業務代表的空缺已經缺了六個月了，再缺三個月應該也不會有太大的差別。既然如此，能不能讓我先做三個月？我不要薪水和交通工具，公司只要負擔我的出差費就行了。等三個月之後，你再決定要不要錄用我，如何？」

主管覺得肯尼迪的辦法很有趣，便答應了他的條件。

在這短短的三個月裡，肯尼迪達成許多耀眼的成績，其中包括了重組了銷售流程，創下公司有史以來的銷售紀錄；他也爭取到更多新客戶，包括一些以往一直爭取不到的客戶。

於是，不到三個月，肯尼迪就被錄取了。

在人生的各項競爭中，聰明才智才是決定勝負的關鍵。

因此，平常就得經常鍛鍊自己的腦力，讓才智像太陽一樣發光，如此它才可能成為你超越別人的秘密武器。

地球已經變平了，競爭者正虎視眈眈想搶走你的機會。想要比別人成功，光是靠認真和努力是不夠的，有時候在做人方面必須多一點心機，做事方面必須多一些努力，才能讓自己在這個充滿變數的社會中出人頭地。

學歷固然很重要，但是把學歷轉換成能力則更重要。如果做不到這一點，那麼擁有再顯赫的文憑，也不過代表比一般人會讀書而已。

文憑就跟外表一樣，雖然一開始容易吸引眾人的目光，但是沒有缺乏真材實料的內在，那麼再好看的外表，也只是無用的裝飾品而已。

「敬業」，就是脫穎而出的利器

> 付出越多，就可能做得越好。只要稍微捨棄自
> 己的個人主義，「敬業」就可以成為讓你脫穎
> 而出的利器。

■ ■ ■

　　現代人換工作的速度跟換衣服一樣，加上個人主義作祟，對公司或工作的向心力更是日趨淡薄，不只容易質疑公司政策的正確性，更容易因為個人的情緒，而影響到工作的品質。

　　打從布隆伯格被所羅門公司錄用的那一刻起，他就認為自己是一個「所羅門」人了。

　　所羅門公司看重能力，接受異議，對所有員工一視同仁的態度，讓布隆伯格覺得在這個環境中簡直如魚得水，十分滿意。

　　在當時的華爾街，組織的重要性遠遠超過個人，如果你不是這家公司的創始成員的話，要進入這家公司可不是一件容易的事。布隆伯格很珍惜自己的工作機會，所以他總是除了老闆比利‧所羅門之外，每天第一個上班的員工。因為辦公室都沒有人，所以布隆伯格的存在更讓老闆印象深刻。

　　布隆伯格二十六歲時，就成了高級合夥人的好朋友，而且除

了最早上班之外，他常常也是最晚下班的。布隆伯格的勤奮使他開始在同事中嶄露頭角，機會因此也比別人多了許多。

布隆伯格的敬業精神從學生時代就已經表露無遺。

他曾經在一個小房地產公司打工，和他一起來打工的學生總是遲到早退，心思根本不在工作上。

布隆伯格就不一樣了！他從早上六點半就開始上班，八點之前所有打電話來詢問租房的人，都能立刻獲得滿意的答覆。而其他的人卻一直到九點半才開始工作。他的工作態度不但為公司建立了良好的形象，同時也替自己帶來了不少業績獎金。

不要以為你的老闆和上司都是睜眼瞎子，也不要以為他們都是沒腦袋的豬頭，你在幹些什麼，他們其實一清二楚，只是不想浪費時間點破而已。

你一定要了解，絕大部分的領導階層，都能從工作表現傳達的訊息，迅速研判下屬們是只會打混摸魚的可憐蟲，還是值得栽培的好人才。

也許你不能選擇工作，但是你絕對可以選擇讓自己「敬業」或「不敬業」。也許，有極少數人可以不努力就獲得成功，但這個機率幾乎是微乎其微，因為，只有付出越多，才能做得越好。

其實，只要稍微捨棄自己的個人主義，把目前的工作視為向上的階梯，「敬業」就可以成為讓你脫穎而出的利器。

努力，要讓別人看得到

想要脫穎而出，除了比別人做得更好之外，還
要讓自己更耀眼！埋頭苦幹是行不通的，還得
讓大家看得到你的努力才行！

■ ■ ■

　　大家都知道要努力才會成功，但卻不是每個人都知道該如何
「努力」。

　　其實，努力並不等於埋頭苦幹，有目的、有方法的「努力」，
才是有效達到目標的好辦法。

　　曾經有一個衣衫襤褸的少年，到摩天大樓的工地，向衣著華
麗的承包商請教：「我應該怎麼做，長大後才能跟你一樣有錢？」

　　承包商看了少年一眼，對他說：「我跟你說一個故事：有三
個工人在同一個工地工作，三個人都一樣努力，只不過，其中一
個人始終沒有穿工地發的藍制服。最後，第一個工人現在成了工
頭，第二個工人已經退休，而第三個沒穿工地制服的工人則成了
建築公司的老闆。年輕人，你明白這個故事的意義嗎？」

　　少年滿臉困惑，聽得一頭霧水，於是承包商繼續指著前面那
批正在鷹架上工作的工人對男孩說：「看到那些人了嗎？他們全

都是我的工人。但是，那麼多的人，我根本沒辦法記住每一個人的名字，有些人甚至連長相都沒印象。但是，你看他們之中那個穿著紅色襯衫的人，他不但比別人更賣力，而且每天最早上班，也最晚下班，加上他那件紅襯衫，使他在這群工人中顯得特別突出。我現在就要過去找他，升他當監工。年輕人，我就是這樣成功的，我除了賣力工作，表現得比其他人更好之外，我還懂得如何讓別人『看』到我在努力。」

日本心理學家昌平修一在《有效的行動》裡說：「真正有能力的人，工作時總是默不作聲，乾淨俐落地把任務完成，但是，在工作過程，他們不會忘記讓上司看見自己的努力。」

不要以為只有你一個人在拼命工作，其實每個人都很努力！

因此，如果想要在一群努力的人中脫穎而出，除了比別人做得更好之外，就得靠其他的技巧和方法了。

最好的辦法，就是找出自己與眾不同的特質，將你的努力用在發揮這些特質上，如此一來，即使做的是相同的工作，那麼你也會比別人更耀眼，更有可能獲得成功的機會！

會「聽話」的人容易成功

在日常生活中學習聽話，可以讓你擁有良好的
人際關係；而在銷售商品時學習聽話，才能讓
你贏得顧客的信賴。

現實生活中，很多人不但不懂得如何「說話」，甚至也不懂
得「聽話」，這是因為，我們通常只在乎自己的表達能力，想讓
對方照著自己期望的方向走，忽略了留意聽別人說話的重要性。

這個現象反應了現代人急功近利的心態，以為只要表達得宜，
就可以說服別人，完成自己的目標，卻忽略了「聽話」才是最重
要的一環，才是把「壞人」變貴人，讓別人真正接受你的一種方
法。

美國的汽車推銷大王喬治·吉拉德在他的推銷生涯中，總共
賣出了一萬多輛的汽車，其中更包含了一年之內賣出一千四百二
十五輛的紀錄。雖然他的銷售成績十分輝煌，但這也是經過多次
失敗才能夠得到的成績。

有一天，一位很有名的富豪特別來跟他買車，吉拉德非常賣
力地為富豪解說車子的各種性能，原以為富豪會覺得很滿意，但

是，出乎他意料之外的，富豪最後竟改變了心意，不跟他買了！

　　這個結果讓一向以自己的推銷能力自豪的吉拉德非常疑惑，很想知道到底是哪裡出了問題。

　　吉拉德思考了一整天，還是不明白自己的失誤在哪裡，於是到了半夜十二點時，終於忍不住打電話去詢問富豪，到底為什麼不買他的車？

　　富豪拿起電話，一聽是吉拉德，便很不耐煩地說：「你知不知道現在已經十二點了？」

　　吉拉德說：「很抱歉，先生。我知道現在打電話很不禮貌，但是，我真的很想知道您不跟我買車的理由！能不能請您告訴我，究竟我讓您不滿意的地方在哪裡？」

　　富豪沉默了一會，開口說道：「既然你想知道，那麼我就告訴你吧！你的銷售能力真的很強，但是，我不喜歡你今天下午的態度。我本來已經決定買了，可是在簽約前，我跟你提到我兒子的事情時，你卻表現出一副毫不在乎的態度，而且你一邊準備收我的錢，一邊聽辦公室門外另一位推銷員在講笑話，這讓我覺得很不受尊重。我就是因為你的態度，才打消了買車念頭的。」

　　想提昇自己的競爭力，就要學會聆聽，然後站在對方的角度看問題。

　　懂得站在對方角度看問題，可以讓對方知道你是懂得別人著想的人，也可以讓對方化解敵意，甚至可以讓一件原本快破局的事情出現轉機。

　　只要你願意專心聆聽對方的談話內容，適時加以回應，你就

會恍然發現，眼前這個「壞人」其實沒那麼難纏。

不懂得「聽話」重要性的人，無疑常是人際交往中的失敗者。

從事銷售相關工作的人都知道，唯有滿足顧客的要求，才能成功地達成銷售商品的目的。但是，如何才能知道顧客的需求呢？這就得靠專注地傾聽，才能達到讓顧客滿意的效果。

「聽話」，是每個人都必須認真學習的一門功課。在日常生活中學習聽話，可以讓你擁有良好的人際關係；而在銷售商品時學習聽話，才能讓你贏得顧客的信賴。

「殺雞儆猴」是對付小偷的最好方法

真正的成功者從來都不會錯過生活中的細微
處,積極是他們的處世態度,創意是他們的生
活方式,靈活是他們的思考技巧。

　　面對棘手的事情與難纏的人物,只要我們願意積極鍛鍊自己
的心智,保持冷靜而沉穩的態度,就能快速找到解決的方法。

　　所謂「戲法人人會變,巧妙各有不同」,想決戰商場的人,
除了要有獨到的銳利眼光之外,更要有靈活的創意巧思,才能發
現新商機。

　　今天是小週未,位於多倫多市區的這間百貨公司內人潮十分
擁擠,每個櫃台都擠滿了人。

　　這時,男裝部的櫃台前忽然發生騷動,只見兩名警衛用力地
壓著一名盜賊,而那個盜賊則使力地掙扎著,並大聲地喊叫著:
「我不是小偷!」

　　警衛不理會他的叫喊聲,圍觀的群眾們還來不及了解發生了
什麼事,「小偷」便被警衛們一路拖回到辦公室裡。

　　然而當房門關上後,警衛卻立即將小偷放開,接著還拍了拍

他的肩膀說：「好了，半個小時後，我們再在文具部的櫃台前表演一次。」

你是否也看得一頭霧水呢？

其實，這是一齣假的「警察捉小偷」戲碼，那是專門演給顧客們看的，而這名小偷還是從一間「租賊公司」訓練出來的演員呢！

只是，為什麼會有租賊公司呢？這間公司的老闆又是怎麼樣一個人呢？

據說，這間租賊公司的老闆名叫寇亨，現年三十歲，是個智慧超群而且精明過人的商人。

曾經有人問他，為什麼要開這樣奇怪的公司時，他笑著回答：「這個世界原本就什麼都有了，而且到處也都是些千奇百怪的經營方式或目標，我這也沒什麼奇怪的。當初我是這麼想，百貨公司等人潮多的地方，扒手一向很多，即使再多的保全人員或管理人員，還是無法防範。」

「所以，我就想出了一個點子，如果可以讓警衛當場抓到小偷，一定能達到殺雞儆猴的效果。只要讓真的小偷看見有人被抓了，那麼他們心中一定會產生恐懼，自然而然也會削弱他們偷竊的念頭。雖然假小偷變多了，但事實上真小偷卻在不知不覺中慢慢減少了。」

朋友們一聽，無不拍手稱妙！

寇亨的公司開張後，業績便不斷地創新高，事實證明，殺雞儆猴的效果十分顯著，果真讓竊盜率降低了不少。

　　看著寇亨發現的商機，可說是一舉數得。因為在降低百貨公司失竊率的同時，他不僅為自己賺進了不少財富，還為演員們創造了另一片表演天空。

　　雖然成功和失敗往往只有一步之差，但在跨出步伐前，我們要給自己一個正確的態度：「努力累積你的生活腳步，如果你不想永遠晚人家一步，更不希望計劃一直停滯，積極培養銳利的眼光是當務之急，培養靈活的思考則是我們當下第一要務。」

　　想對付小人，甚至把他們變成貴人，就得發揮各種巧思。真正的成功者從來都不會錯過生活中的細微處，更不會讓自己的思路停滯。

　　因為，積極是他們的處世態度，創意是他們的生活方式，靈活是他們的思考技巧，因此他們能發現別人從未發現的機會，達到別人無法達到的目標。

先跨出第一步再說

只要確定目標，那麼就勇敢地踏出你的步伐
吧！所有的障礙，都會在你跨出步伐時，找到
理想的解決辦法。

並不是每個人一開始都可以設計出一個完美的夢想藍圖。

絕大多數的人都是在生活中，慢慢地摸索出自己到底想要些
什麼，並且從不斷地行動中，讓生命的藍圖逐漸成真。

某個成功學大師到墨西哥進行巡迴演講時，有一對夫婦特地
到休息室來拜訪他，並且希望這位大師能夠替他們目前生活上遇
到的問題，提供一些有效的建議。

這個妻子對大師說：「我們一直希望能在高級住宅區擁有一
棟房子，我們已經夢想好多年了。」

大師問：「那為什麼還沒有呢？」

丈夫嘆了一口氣，回答道：「這談何容易呢？我們的存款不
夠。」

大師說：「既然你們已經知道你們想要的是什麼了，窮又有
什麼關係呢？不要讓窮阻止你們跨出第一步。」

這句話讓夫婦兩人下定了決心。

經過一段時間之後，這對夫婦再度前來拜訪大師，這個妻子對大師說：「我們從墨西哥來到美國，是專程為了來感謝您的。」

大師有點驚訝：「為什麼要感謝我？」

「要不是您，我們也許永遠都沒有辦法擁有新房子。」

丈夫接著說：「有一天，有幾位美國朋友打電話來，要我送他們到高級住宅區。那時我們都已相當疲倦，原本打算拒絕，可是突然想到你對我們說的：『跨出第一步。』於是，我們決定送他們到那裡。到了高級住宅區之後，我們看見了自己夢寐以求的房子正在出售，於是我們就買下了它。」

大師好奇地問：「你們要怎麼負擔房子的費用呢？」

妻子回答：「我們買了兩間房子，再將其中一間租出去，這樣一來，那棟房子的租金就可以貼補房貸的分期付款；再加上我們原來的存款，剛剛好能讓我們完成夢想。」

日本心理學家德田虎雄曾經在《產生奇蹟的行動哲學》一書中提醒我們：「行動，行動，行動……只有徹底的行動，才是改變自己，改變自己周圍社會的唯一途徑。」

不管你有什麼計劃，都必須勇敢訴諸行動，如果你不願意踏出第一步，又如何能碰到生命中的貴人？又如何能擁有想要的運氣？

如果這對夫婦一直抱持著「存款不夠，所以買不起房子」的心態，那麼他們永遠也沒辦法擁有他們想要的房子。

他們跨出了第一步，不但讓美夢成真，也想出了解決問題的

方法。由此可知,設定目標,絕對是成功的第一步!

英國詩人白朗寧說:「矮小的人不斷點滴累積,一百次便能達到目的;高大的人目標萬千,卻不能命中一個鵠的。」

只要確定目標,那麼就勇敢地踏出你的步伐吧!所有的障礙,都會在你跨出步伐時,找到理想的解決辦法。

不要錯把「固執」當「堅持」

> 再筆直的路也偶爾會有一些小顛簸，再好的方
> 法也可能會有一些小缺點，即使我們能眼觀四
> 方，始終還會有看不見的盲點。

什麼是固執，怎麼才叫堅持？其中尺度拿捏確實需要一點智慧，不過，這裡有一個很簡單的辨識方法：「當你的堅持造成了別人的困擾，又或是因為太過堅持而讓自己失去了寶貴的機會，這些情況便不再是堅持的美意，而是人們公認的麻煩——『固執』。」

比爾原本是菲利普‧莫里斯公司的首席理財專員，擁有哥倫比亞大學MBA學位，可說是所有金融公司積極爭取的人才。

不過，看似搶手的比爾，卻在菲利普‧莫里斯公司被別家跨國公司收購之後，立即被其他的理財專員取代，換句話說，比爾失業了。

明白競爭環境的現實，比爾並沒有任何不滿，只有向以前的主管柯爾詢問：「在求職的過程中，你覺得我該怎麼做才能表現得更好？」

　　柯爾看了看比爾，滿臉認真地說：「比爾，我想你應該知道，在這個行業中的主管大都比較保守，如果你想在別人面前改善形象，必須刮掉鬍子，不管你喜不喜歡，這麼一來面試的成功機率才會更高一些。」

　　但是，比爾卻搖了搖頭，似乎很不認同柯爾的觀點。

　　他說：「如果他們不能接受我的裝扮，那將是他們的一大損失。」

　　柯爾嘆了口氣，對比爾說道：「你的實力我們知道，但是別人可不清楚你的能力啊！」

　　雖然柯爾了解比爾的想法，但是他仍然想說服比爾，希望他明白：「你可以在爭取到工作機會後再把鬍子留回來啊！」

　　然而，不管柯爾怎麼勸他，比爾始終置若罔聞，因為對他來說，肢體或形象上的偏好，不應該成為一個人能力上的阻礙。

　　就這樣，比爾失業了一年，一直到失業滿一週年的當天，還是沒有找到工作，到那一天為止，所有應徵過的公司沒有一間願意錄用他。

　　所幸，他在擔任首席理財專員時存了一筆錢，這筆財富不僅足夠買下一間小公司，更能讓他保住自己的鬍子。對他來說，工作和生活一樣，都要以最舒服的方式呈現。

　　我們在生活中所遭受的痛苦與折磨，有些是週遭的「小人」和「壞人」硬生生加在我們身上，有些則是我們自找的。很多時候，我們自認為的「堅持」，只不過是牛脾氣發作之時，不分輕重緩急的「固執」。

在這個表現自我的時代，懂得堅持本色原本是件很好的事，但是如果「堅持」變成了「固執」，那可就不是件聰明人應該做的事。

就像故事中的比爾，雖然最後靠著自己的力量找到機會，但始終還是晚了一些。我們不妨試著從另一個角度來思考，其實比爾一開始如果肯退讓一步，根本不必多浪費那一年的時間，畢竟以他的自信與實力，很快地便能擁有自己的辦公室，並自在地留下他想要的鬍子。

其實，再筆直的路也偶爾會有一些小顛簸，再好的方法也可能會有一些小缺點，即使我們能眼觀四方，始終還會有看不見的盲點。

所以，不管我們對自己多麼有信心，還是得學會謙卑，那並不是要我們當個只做表面工夫的人，而是為了讓人們能有更多的機會展現自我。

承認犯錯，才有機會補救

當你發現自己發生錯誤時，補救遠比掩飾犯錯還
重要！只要你不隱瞞自己的錯誤，這個錯誤不但
可以彌補，說不定結果還會比沒犯錯時更好。

每個人都會犯錯，不管多麼成功的人，在成功的背後，一定
也有一連串的錯誤經驗。

犯錯不是件可怕的事，唯一可怕的地方，在於「隱瞞」錯誤，
因為，隱瞞的結果，往往比所犯的錯誤還要嚴重得多。

格里在西爾公司當採購員時，曾經犯下了一個很大的錯誤。

該公司對採購業務有一項非常重要的規定：採購員不可以超
支自己的採購配額！如果採購員的配額用完了，那麼便不能採購
新的商品，要等到配額撥下後才能進行採購。

在某次採購季節中，有一位日本廠商向格里展示了一款很漂
亮的手提包，格里身為採購員，以專業眼光來看，認為這款手提
包一定會成為流行商品。可是，這時格里的配額已經用完了，不
禁後悔自己之前不應該衝動地把所有的配額用光，導致現在無法
抓住這個大好機會。

　　格里知道自己現在只有兩種選擇：一是放棄這筆交易，雖然這筆交易肯定會給公司帶來極高的利潤；二是向公司主管承認自己的錯誤，然後請求追加採購金額。格里決定選擇第二種方法。他一進主管的辦公室，就對主管坦承：「很抱歉，我犯了個大錯。」然後將事情從頭到尾解釋了一遍。

　　雖然主管對格里花錢不眨眼的採購方式頗有微詞，但還是被他的坦誠說服了，並且撥出需要的款項。

　　手提包一上市，果然受到消費者熱烈的歡迎，成為公司的暢銷商品，而格里也因為這次的超支學到了教訓，並且從中獲得寶貴的經驗。

　　我們都習慣把那些愛訓斥自己的上司看成「壞人」，因此，發生錯誤的時候，第一個想法就是掩飾。其實，這是錯誤的做法，勇於認錯不但會讓你在對方眼中留下良好印象，也可以適時得到對方的援助。

　　發現自己發生錯誤時，補救遠比掩飾犯錯還重要！

　　只要你不隱瞞自己的錯誤，這個錯誤不但可以彌補，說不定還可以幫助自己更上一層樓，結果還會比沒犯錯時更好。

　　一旦犯了錯，就要有承擔責備的心理準備，因為自己做錯了，如果因為害怕被責備而不願意承認錯誤，那結果就可能是失去更多的大好機會。

跌倒，別忘了立刻爬起來

大部分人因為不想嚐到失敗的滋味，所以一輩
子怯怯懦懦，並且還因此沾沾自喜，殊不知這
才是最大的失敗！

　　不論做任何事，剛開始時總是容易跌跌撞撞，就像嬰兒學走
路一樣；除非你真的天賦異稟，要不然，跌倒對每個人來說，其
實都只是不足為奇的小事而已。重點在於，跌倒之後你能不能立
刻站起來。

　　安東尼十四歲的時候來到美國，因為他從七歲起就跟著裁縫
師學裁縫，所以到了美國之後，很順利地就在一家裁縫店中找到
工作。

　　到了十八歲時，安東尼決定要成立一家屬於自己的店。於是，
他和弟弟及其他合夥人共同買下了一間禮服店，信心滿滿地把所
有的積蓄都投資在這裡頭。但是，接下來發生的許多事情，卻不
斷地考驗著安東尼開店的決心。

　　先是在即將開業的前一天晚上，被小偷偷走了將近八萬美元
的存貨；接下來他再度進的貨，又在一場意外大火中付之一炬。

　　後來，他才發現保險經紀人欺騙他，根本沒有把他支付的保險費支票交給保險公司，所以這場火災等於沒有保險。更慘的是，可以證明公司存貨內容和價值的一位重要證人，卻正好在這個時候去世了。

　　接二連三的打擊實在讓安東尼受夠了，他決定到別的裁縫店工作。但是，過了沒多久，他渴望擁有自己事業的慾望又開始蠢蠢欲動了起來。

　　於是，他再度鼓起勇氣，開了一家裁縫兼禮服出租店。

　　這一次，他決定多採納別人的意見，但在大方向上依然堅持自己做決定。因為，他始終相信：如果因此跌倒了，是他讓自己跌倒的，如果他站了起來，那也是靠自己站起來的。

　　因為安東尼堅持著這個信念，不久之後，他的「法蘭克禮服出租店」終於成為底特律的知名店舖。

　　因為害怕跌倒，所以很多人不敢騎腳踏車、不敢溜冰、不敢玩直排輪……因為害怕，所以喪失了許多樂趣。

　　在人生中也是如此，大部分人因為不想嚐到失敗的滋味，所以一輩子怯怯懦懦，不敢輕易嘗試新事物、新方法，並且還因此沾沾自喜，殊不知這才是最大的失敗！

　　跌倒的目的，就是為了讓你在爬起來的時候，能看到更美好的東西！

　　所以，我們何必害怕跌倒？

　　應該怕的，是連嘗試都不敢嘗試，便在恐懼中失去機會，因為，失去了嘗試的勇氣，也就等於自願放棄了成功的機會。

停止反省，等於停止進步

無論任何企業，都必須隨著時代脈動調整步
伐，並且在不斷的流動中反省，才能讓企業的
價值越來越高，根基也紮得越來越穩固。

在人生過程中，我們往往會碰到許多挫折與困難。想要成功，
就必須克服重重危機的結果。

在克服危機的過程中，懂得反省是很重要的，因為只有懂得
反省的人，才有可能找到衝破危機的方法。

安麗是美國知名的消費品製造商，擁有超過一百萬名獨立經
銷商的全球直銷網絡，而且旗下販售的產品超過四千三百種。

更驚人的是，安麗所有的商品都是透過上門推銷和郵購的方
式銷售，年營業額高達數十億美元。

安麗是由狄韋斯和傑文‧安黛爾兩人共同創立的。狄韋斯讀
高中時，遇到了傑文‧安黛爾，兩個年輕人有著相同的夢想、希
望和目標，就這麼開始了一起創造事業的過程。

五○年代末，他們在自家的車庫裡展開了直銷事業。後來雖
然遭遇過許多挫折，但是兩人從不放棄，並且彼此扶持、鼓勵，

經過長時間的努力之後，終於演變成現在的安麗。

當媒體詢問狄韋斯的經營之道時，狄韋斯認為，那些夢想擁有自己事業的人，最後往往只看重管理事業，而不是繼續成長。

大多數公司之所以會垮，是因為原本的創立者忘了繼續進步的重要，只陶醉在公司目前的繁榮景象。

如果要繼續進步的話，就不能忽略時時自我反省。

白手起家的人固然值得欽佩，但是「守成」的人則更為重要。

要想維持成功的話，停滯不前非但無法維持原有的成績，反而是一種退步，甚至會導致瓦解。

無論任何企業，都必須隨著時代脈動調整步伐，並且在不斷的流動中反省，才能讓企業的價值越來越高，根基也紮得越來越穩固。

當然，想要在現實生活中持盈保泰，你也必須時時自我反省。千萬不要停止進步，要讓心思冷靜細膩，如此才能培養深謀遠慮的智慧，對可能出現的變數預做應變措施。

PART ⑤

你也可以光明正大說謊話

「弄假成真」的手段並不高明，
也不夠高尚，
但是，這在爾虞我詐的社會中，
在政治的競技場上，
能夠正大光明的又有幾個？

責備，不一定要暴跳如雷

如果只看得見別人的缺點，只會直指別人的鼻
子大罵不是，那麼只會產生更多的衝突，也是
最笨的溝通方式。

法國文豪巴爾札克曾說：「人總是喜歡在別人面前炫耀自己，
自己原本一無所有，卻要處處裝出什麼都有的樣子。」

這種傾向以小人最明顯，小人最常炫耀的除了財富、地位、
名聲之外，就是「高尚的品德」，只不過，這樣東西實際上是他
們最欠缺的。

儘管許多勵志作家都教導我們，為人處世應該以寬容為本，
但是，面對一些厚顏無恥的行徑，寬容過了頭就會變成縱容，只
會使小人的氣焰更加囂張。

如果你實在看不下去，又何妨想想法子挫挫小人的銳氣？

四〇年代，美國色情工業方興未艾，有些唯利是圖的好萊塢
製片商為了追逐金錢，開始大量製作色情電影，並高價徵求色情
劇本。

當時，有個製片商在徵求劇本時，提出了四個要求：「一要

有宗教色彩，二要有貴族氣息，三要有性愛場面，四故事要令人驚愕」。

有位著名的劇作家聽到消息後，認為此風不可長，為了要調侃這位製片商，便照著他的要求，一個晚上就把劇本完成了，並且第二天一早就送去給那位製片商。製片商收到「名家之作」非常高興，但是，看完劇本之後，卻大罵這個編劇：「你是存心來找碴的嗎？」

原來，劇作家送來的劇本只有一句話：「『上帝啊！』公爵夫人高聲喊道：『快把你的手從我的大腿上拿開』。」

這位幽默的劇作家，笑嘻嘻地對著火冒三丈的製片商解釋道：「親愛的先生，您不是公開聲明說要符合您提出的四個要求嗎？那麼『上帝啊』，難道不算宗教色彩嗎？『高聲叫喊的公爵夫人』，不也富有濃厚的貴族色彩嗎？『快把你的手從我的大腿上拿開』，您瞧，有隻手已經放在公爵夫人的腿上，這不正是性愛的場景嗎？如果您的精神還正常的話，從整句台詞的語氣上來看，相信您一定感覺非常驚愕吧？如此一來，您所要求的四個標準，在這個劇本裡不是都具備了嗎？」

被戲弄的製片商聽了這話，氣得面紅耳赤，卻也只能無言以對地看著劇作家大搖大擺地離開。

人是最擅長偽裝的動物，現實生活中道貌岸然的小人很多，如果你不想老是受他們宰割，那麼就得放聰明一點，透過適當的方式加以反擊。

病態的社會是小人滋長的溫床，在過度追逐名利的情況下，

往往會造成許多錯誤、不良的社會風氣，以及扭曲的價值觀。

聰明的劇作家以極其諷刺的方法，撰寫了一個絕妙的劇本，藉以突顯色情電影業者在追逐金錢時的厚顏無恥，雖沒有和製片商正面衝突，卻以更直接地方式，給予同製片商一個無形的教訓。

同時，這個劇作家也提供了一個絕佳的溝通技巧。

人與人之間的相處，需要的是多點心思、多點溝通，如果只看得見別人的缺點，只會直指別人的鼻子大罵不是，那麼只會產生更多的衝突，招來更多報復，這也是最笨的溝通方式。

學學劇作家吧！嘲諷式的幽默，反而更能一針見血，讓小人深省。

勇敢面對問題才是明智之舉

面對令人難堪的問題時，不要一味想著如何逃避，而要認真思考解決的方法，這才是實際又有效的明智之舉。

蘇格拉底曾說：「當你高興或動怒的時候，儘量緊閉你的嘴巴，免得讓小人有見縫插針的機會。」

因為，你越能讓小人猜不著你的喜怒哀樂，小人就越會為了找不到算計你的縫隙，而大傷腦筋。

一九六〇年秋天，蘇聯總書記赫魯雪夫乘著「波羅的海號」軍艦，前往紐約出席聯合國大會。

抵達紐約後，船上有個水兵竟趁機逃跑了，不過赫魯雪夫並不知道這個消息，直到開記者招待會，幾個美國記者用刁難和挑釁的語氣詢問時，他才知道有這麼一件丟臉的事。

赫魯雪夫對此事並不清楚，自然可以避而不談，或以「無可奉告」回應，或推說是記者們編造的謊言。

但是，赫魯雪夫沒有這麼做，反而用詢問的方式，問在場的媒體記者說：「真有這回事嗎？」

　　確認之後，只見他搖了搖頭，惋惜地說：「這個年輕人怎麼不開口請求幫助？或者來徵求我的意見呢？本來我可以幫助他，至少可以給他一些的錢，可是，現在他卻在你們這兒失蹤了，真是可惜……」

　　赫魯雪夫滿臉真誠的模樣，以及認真回應的態度，反而讓記者們無話可說，這件事也就這麼結束了，沒有被記者們當作話題加以鼓噪。

　　小人並不可怕，可怕的是你主觀地認為對方的作為都是刁難、找碴，不願意理性面對。與其整天戒慎惶恐，一味閃躲，不如試著把小人當成貴人，感謝他們送給自己各種磨練的機會，如此才能開創一番連自己的自己都意想不到的機運。

　　面對美國記者的挑釁，赫魯雪夫稍有不慎就會被攻擊得體無完膚。然而，他很有技巧地換了一種方式回應，不僅展現了自己的元首氣度，更乾淨俐落地堵住了任何想藉此大做文章的媒體記者的嘴。

　　面對令人難堪的問題時，不要一味想著如何逃避，而要認真思考解決的方法，這才是實際又有效的明智之舉。

　　否則在人們猜疑和好奇心的驅使下，反而容易把問題的焦點模糊，甚至被有心人刻意栽贓或製造事端，使自己在尚未得到公平審判前，便被宣佈死刑了。

不要讓對方有推諉的機會

導引對方將心比心，如此一來，便能技巧地讓
對方無從推諉，也就輕鬆地將問題解決了。

英國作家湯馬斯‧富勒曾經寫道：「對別人始終處於信任狀
態的人，是小人最喜歡算計的對象。」

因此，在這個小人無孔不入的年代，如果你不想被小人暗算，
就千萬別濫用自己的信任，如此，才能不讓小人有機可乘。

日本有一家中小企業的總經理要求某家客戶準時付清帳款時，
對方卻推說資金吃緊，希望能延期付款。

這對總經理來說，這實在是一件頭疼的問題，因為這次若拿
不到貨款，公司將無法付出員工們的薪資，所以非得拒絕他的請
求才行。

這位總經理想了想，向對方說：「我知道，貴公司多年來一
直都經營有方，這次會遇上資金吃緊，相信是銀行的問題吧！說
真的，最近的銀行似乎一點也不願意支援企業。」

他這麼一說，似乎正中對方的下懷，這位客戶開始大發怨氣，

怒斥銀行，於是這個精明的總經理也附和著對方的口氣，跟著也痛罵了銀行一番。

就這樣，兩個人把銀行視爲共同敵人，互吐積憤。

最後，這位總經理拍了拍客戶的肩膀說：「誠如你所言，現在的銀行實在太不像話了，因此，到了付款的日期，仍然要拜託你了。」

這時，客戶仍處在與總經理同仇敵愾的氣氛裡，沒想到對方忽然冒出這麼一句請託，一時間不知道要如何回應，只好點頭答應了。

蒙田曾經寫道：「我說真話，不是看我願說多少，而是看我能說多少。」

面對難纏的小人，爲了不讓自己吃虧，並非所有的真話都可以在任何時候脫口而出的，一個真正的說話高手，並不是口若懸河、口才便給的善辯者，而是最能摸清對方心理的的人。

這位總經理與客戶一起抱怨銀行，巧妙地拉近了他與客戶間同仇敵愾的同理心，有了共同的敵人，於是也建立起彼此要相互奧援、扶持的心理。

他從批判共同敵人的議論中找出共識，並且讓對方明白自己的困境，然後悄悄地把話題繞回到雙方的帳款上，導引對方將心比心，不要造成惡性循環。

如此一來，便能技巧性地讓對方無從推諉，也就輕鬆地將問題解決了。

你也可以光明正大說謊話

「弄假成真」的手段並不高明，也不夠高尚，但是，這在爾虞我詐的社會中，在政治的競技場上，能夠正大光明的又有幾個？

莎士比亞在《哈姆雷特》裡說：「人往往用至誠的外表和虔誠的行動，掩飾一顆魔鬼般的內心。」

如果你恨透了週遭那些道貌岸然的偽君子，有時不妨學學下面故事中的評論家，光明正大說個「八卦新聞」，讓他們為了澄清而疲於奔命。

日本曾經發生一件相當轟動、「弄假成眞」的政治事件。

在一場宴會中，有位政治評論家突然站起來說：「我現在要說的事，並沒有事實根據……」

接著，他爆料說出了一件足以令某位政治家結束政治生涯的訊息。

雖然這位評論家已申明，這件事並沒有事實根據，但是這個消息卻讓在座的所有人都認為，這件事一定是眞的。

不久，媒體大肆報導了這則消息，那位政治家看了報導之後，

便氣沖沖地立刻趕去興師問罪。

評論家在道歉後，無奈地說：「我曾經事先聲明，這件事並沒有確實的根據，這點當天在場人士都可以作證。」

這位政治家聽了這番說詞，儘管對他恨得牙癢癢的，卻也無可奈何，只好悻悻然地離開了。

馬克吐溫曾經說：「你必須找到事實，接著你怎麼扭曲它都行。」

在這個巧詐勝於雄辯的社會上，有些人為了達到目的，往往會在看似真實的基礎下，發出虛假的言論，讓人防不勝防。

這個評論家利用群眾習於偷窺、猜疑的好奇心理，雖然事先已經表明他所說的「小道消息」沒有事實根據了，但是，以他的身份地位，加上這種「此地無銀三百兩」的說話方式，反而更讓人信以為真。

所以，這位政治家在這場「弄假成真」的遊戲裡，其政治生涯自然受到了影響，也造成一定程度的傷害。

雖然這種惡意中傷的手段並不高明，也不夠高尚，但是，這在爾虞我詐的社會中，在權謀機詐處處可見的政治競技場上，能夠正大光明的又有幾個？

如何讓難纏的人心軟？

> 無私的愛心之所以能打動人，是因為其中包函
> 了真心和誠心，不管是多麼鐵石心腸的人，遇
> 上了這麼一個溫柔的愛心，想不心軟也難！

日本當代作家池田大作在《青春寄語》一書中說：「即使開始懷有敵意的人，只要抱著真實和誠意去接觸，就一定能換來好意。」

確實如此，天底下沒有融化不了的寒冰，只有不懂得如何用真心去融化，卻一味想投機取巧的人。

想在人性叢林獲得成功，不光有能力、肯努力就能達到，必須明確洞悉自己遭遇的對手，也明瞭自己面臨什麼狀況，並且用最正確的方法面對。

二次大戰後，日本有一位叫市村的地產商人，在銀座看中了一塊土地，想要買下來改建成商業大樓，但是，這塊土地的所有人，卻是一位非常頑固的老太太。

為了購買這塊土地，市村來來回回地走了好幾百趟，但都無法成功地說服老太太。因為，老太太說那是祖上留下來的產業，

絕對不能出售。

　　但是，市村一點也不死心，只要一有空閒，幾乎天天都會前去找這個老太太溝通。有一次，在一個下著大風雪的日子裡，市村再度前去拜訪老太太，請求她出讓這塊土地，但仍然被老太太拒絕。

　　誰知，第二天，老太太卻意外地出現在市村的事務所，而且表情十分愉悅。

　　市村高興地請她入座，老太太說：「市村先生，今天我原本是來做最後一次拒絕的，不過，剛剛發生了一件事情，使我臨時改變了主意。」

　　市村一聽，完全摸不著頭緒，正想開口問時，老太太接著說：「市村先生，那塊土地我願意讓給你。」

　　「啊？」市村聽了，驚訝得說不出話來。

　　原來，這個難纏的老太太轉了好幾次車，才找到市村的事務所，途中她曾經向許多人問路，但大數人都對她愛理不理。

　　當老太太身心都感到十分疲憊的時候，終於找到了市村的事務所，她一推開事務所大門，便聽到一位女職員很溫柔的說：「請進。」

　　而且，這個女孩不但沒嫌她髒，還脫下自己腳上的拖鞋，請老太太穿上，並親切地扶她上樓。因為這名女職員親切的態度，像是孝順的女兒對待母親一樣，使得老太太深受感動。

　　戰後的日本，人心冷漠，大家只顧著自掃門前雪，有愛心、能體貼別人的人已經很難得見到了。如今，卻在市區的一個小角落裡，遇到這麼好心的女孩，當然讓老太太大為感動！

　　一個市村多次奔走、懇求都無法解決的難題，只因為一份小

小的愛心，竟然令頑石立刻點頭了。

　　誠摯待人，就不爲因爲人際難題而傷腦筋，也不會因爲小人就在自己身邊而終日提心吊膽。

　　無私的愛心之所以能打動人，是因爲其中包函了眞心和誠心，不管是多麼鐵石心腸的人，遇上了這麼一個溫柔的愛心，想不心軟也難！

　　在邁向現代化的過程中，高樓大廈阻礙了人與人之間的溝通，在爾虞我詐的市場爭奪中，權謀機詐更拉開了彼此的距離，習慣了冷漠環境的我們，對於任何人也都多了道心防。

　　沒有人是喜歡冷淡的，如果你希望看見善意的微笑，那麼請從自己做起吧！不管對方多麼難纏，很快地，你就會贏得一個溫暖的微笑。

你怎麼待人，別人也會那麼待你

隨時心存善念，以誠待人，那麼我們自然會有
許多意想不到的驚喜，特別是在你需要幫忙的
時候。

成功學大師戴爾‧卡內基在《人性的弱點》裡說：「與人交
往，待人以至誠，才能換取真摯的友誼。」

以誠待人，是人與人之間交往的根本，唯有如此，在關鍵時
刻才能獲得真摯的幫助，讓自己避開險境。

年輕的鋼鐵大王安德魯‧卡內基剛進入公司時，就深得上司
史考特的信任，當史考特升任總公司的總務主管後，卡內基也跟
著史考特被調派到總公司工作。

但是到了總公司，被安排在史考特底下的員工，卻一點也不
願意配合，甚至有人還暗中策劃，準備罷工。

剛到總公司的史考特與卡內基，根本還沒進入狀況，就陷入
了孤立無援的情況中，眼看著工廠的氣氛越來越緊張，似乎員工
們的罷工行動也正一觸即發。

有一天晚上，卡內基獨自在黑暗中走回宿舍，忽然有個人走

近他身邊，低著聲音說：「小聲一點，不要讓別人看見我和你走在一起。你可能不記得我了，我曾經請你幫忙找一份打鐵的工作，當時，你特別為我放下手上的工作，百忙中還幫我找到總公司的這份工作，現在你碰到了麻煩，就讓我來幫忙你吧！」

接著，這個人便拿出了計劃罷工的工人名單給卡內基。

隔天，卡內基把此事告知史考特，史考特便立即採取對策。他以通知那些人去領薪水為名目，讓工人們知道，他們的罷工秘密被洩露了，於是，他們個個都縮回脖子，不再提罷工的事情。

經過這件事，使卡內基深深感覺到，人與人之間的體貼和幫助是多麼可貴，才能在緊要關頭時受到這麼大的幫助。

人與人交往的時候，應當學會適時放寬自己的心境，多為自己和別人預留一些轉圜空間，凡事抱最好的期望，做最壞的打算，如此，才不會使自己的人生之路腹背受敵，寸步難行。

這則小故事，不是要我們在付出時有所期待，或滿腦子只想著別人的回報，而是要告訴我們，隨時廣結善緣，以誠待人，那麼我們自然會有許多意想不到的驚喜，特別是在你需要幫忙的時候。

不過，也別過度期望別人的回饋，只要記住，你怎麼待人，人們自然也會怎麼待你，那才是正確的與人相處之道！

別當殺雞取卵的傻瓜

千萬別做出殺雞取卵的傻事，因為，你把別人
當成傻瓜，別人也會把你當成傻瓜，到時候傷
透腦筋的人，就是你自己。

建立蘇維埃政權的列寧曾說：「為了能夠分析和考察各種狀
況，應該在肩膀上長著自己的腦袋。」

當你面臨選擇的時候，應該要有屬於自己的獨立思考方式，
方能做出最有利於自己的判斷和抉擇。

有一個少年經常被他的朋友們譏笑、戲弄。

因為，這些人常拿一枚五分鎳幣和一枚一角銀幣，讓他從中
挑選一個，而他總是拿那個面值最小的五分鎳幣，所以大家總是
喜歡拿這件事來戲弄他。

後來，有個同情他的小朋友，悄悄指點他說：「我告訴你，
那個一角銀幣雖然看起來比較小，但是卻比那個五分鎳幣價值高，
你可以買更多的東西呢！所以，以後他們再讓你選的時候，記得
要拿那個銀幣啊！」

「可是，如果我拿了那枚銀幣的話，他們以後就不會再給我

錢了。」這個看似愚笨的少年回答。

　　原來，這個少年一點也不笨，他可是比誰都還精明呢！

　　他之所以要拿鎳幣，是因為他想讓這個遊戲繼續玩下去，他當然知道銀幣的價值，但是一旦拿了銀幣，這個遊戲肯定就會結束了，所以故意選取鎳幣，才是長遠之計，畢竟小錢累積起來也是很可觀的。

　　故事裡的小人物，其實正是大智若愚的表現。這個聰明的少年，不以眼前的小利為滿足，而是以長遠的利益著眼，雖然被人譏笑，受人戲弄，但是他都不以為意，反而迎人所好，儘管輸了面子，卻贏了銀子。

　　對各行各業的企業經營者來說，相信從這則小故事裡也能得到啟發，只要捨得放棄眼前利益，努力經營、累積實力，就算目前只是小本經營，將來也能有成為大企業的一天。

　　千萬別做出殺雞取卵的傻事，因為，你把別人當成傻瓜，別人也會把你當成傻瓜，到時候傷透腦筋的人，就是你自己。

相信專家，小心變成輸家

別再盲目地聽信「專家」的意見了，否則你很
容易變成輸家。唯有經過思考和判斷，才能真
正的付出行動。

在這個迷信專家的年代，熟諳人性弱點的小人，往往會處心
積慮地塑造自己，以「專家」形象出現在公眾面前，讓無法分辨
眞僞的人吃虧上當。

其實，即使最傑出的天才人物，在某些領域中仍舊是寸步難
行、愚昧無知的，因此，不要盲目迷信專家的說法。一個人如果不
曾仔細觀察，就不會有深刻的理解，自然也就不會有正確的行動。

美國有位心理學家曾經做過一個實驗。開課前，他介紹一位
化學家，說是要來和同學們一起研究一個新實驗，他說：「這位
就是世界知名的化學家史密特先生，你們今天要配合他做一個試
驗。」

於是，這位史密特先生用德語向學生講解，而由那位教師當
翻譯。

史密特說，他正在研究某種新發現物質的性能，因爲這種物

質擴散得非常快，人們才聞到它的氣味，就立刻消散了，氣味並不持久。但是，一些較過敏的人，在聞到這種氣味後會有輕微的反應，諸如頭暈、噁心……等情況，不過這些症狀很快就會消失，並不會有任何副作用。

史密特說完後，便從皮包裡拿出一個密封的玻璃試管，他說：「現在，只要一打開試管，這種物質便會立即散發出來，你們很快就會聞到氣味了，一聞到氣味的人，請立即舉起手來。」

只見他打開了試管，不一會兒工夫，從第一排到最後一排的學生全都舉起手來，甚至還有人說有自己頭暈的現象。

當實驗結束後，沒想到老師卻對學生們說，所謂具有強烈刺激氣味的物質，其實只不過是普通的蒸餾水而已，至於那位「史密特」先生，也只是該校的一位德語教師，根本不是什麼世界著名的化學家。

從這個實驗中，我們可以獲得一個訊息，那就是人們太過迷信專家了。一遇到專家，就習慣以他們的說詞作為依據，造成行為上的盲從，讓自己失去客觀的判斷能力，因此才會被週遭的小人騙得團團轉。

你是不是也習慣當個應聲蟲呢？或是只會人云亦云，一點自主思考和判斷的能力都沒有？

別再盲目地聽信「專家」的意見了，否則你很容易變成輸家。

就算頭銜再多，名聲再響亮，貨真價實的專家也會有出錯的時候，更何況是那些冒牌的專家呢？唯有經過思考和判斷，才能真正的付出行動。

恭維，只會讓你找不到正確的定位

過分的恭維會腐蝕我們的心志，讓我們因為自
滿而停滯了前進的腳步，成了只退不進的人，
而自己卻仍然毫無所覺。

西方有句很有意思的諺語是這麼說的：「恭維是蓋覆著鮮花的深淵，批評則是跌倒者爬起來的枴杖。」

這個世界上，恐怕沒有人不愛聽恭維的話的吧！

好話人人愛聽，批評的話語讓人置若罔聞，這本來沒有什麼值得過分深責的，但是，如果我們只聽好話，聽不進批評，那麼我們的心靈，可也非常容易因為偏食而營養不良喔！

虢國的國君平日裡只聽好話，不能接受反面的意見，因而身邊圍滿了只會阿諛奉承而不會治國的小人。

有一天，虢國終於亡國，那一群誤國之臣也一個個作鳥獸散，沒有一個人願意顧及國君，幸虧虢國國君總算僥倖地跟著一個車夫逃了出來。

車夫駕著馬車，載著國君逃到荒郊野外，國君又渴又餓垂頭喪氣，車夫趕緊取出車上的食品袋，送上清酒、肉脯和乾糧，讓

國君吃喝。國君感到奇怪，車夫哪來的這些食物，於是問車夫：
「你從哪裡弄來這些東西呢？」

車夫回答說：「這是事先為大王您做的準備，以便在逃亡的
路上好充飢、解渴呀！」

國君不高興地問：「你知道我會有逃亡的這一天嗎？」

車夫點點頭，國君見狀生氣了，不滿地說：「既然你預知會
有這樣的事情發生，為什麼過去不早點告訴我？」

車夫說：「您只喜歡聽奉承的話，如果說出真正的意見，哪
怕再有道理您也不愛聽，說不定還會把我處死。要是那樣，您今
天就連一個跟隨的人也沒有，更不用說誰來給您張羅吃的喝的
了。」

國君聽到這裡，氣憤至極，紫漲著臉指著車夫大聲吼叫。車
夫見狀，知道這個昏君真是無可救藥，死到臨頭還不知悔改，於
是連忙謝罪：「大王息怒，是我說錯了。」

接著，兩人都不說話，馬車走了一程，國君又開口問道：「你
說，我到底為什麼會亡國而逃呢？」

車夫這次只好改口說：「是因為大王您太仁慈賢明了。除了
您之外，其他國家的國君都不是好人，他們嫉妒您，才會造成您
逃亡的。」

國君聽了，心裡舒服極了，一邊坐靠在車前的橫木上，一邊
喜孜孜地自言自語說：「唉，難道賢明的君主就該如此受苦嗎？」
說著說著，頭腦裡一片昏昏沉沉，十分困乏地枕著車夫的腿睡著
了。

這時，車夫總算徹底看清這個昏庸無能的國君，覺得跟隨這
個人太不值得。於是，車夫慢慢從國君頭下抽出自己的腿，換一

個石頭給他枕上,然後頭也不回地走了。最後,這位亡國之君死
在荒郊野外,被野獸吃掉了。

　　瞧瞧這個只愛聽好話的君王,即使到了最危難的時候,連最
忠心最有遠見的車夫之言都無法衷心接受,一味地欺騙自己是受
害者,認為亡國的原因只不過是因為其他的君王嫉妒自己!

　　想想,如果我們是那個車夫,想必也會痛心至極吧!都到了
這個地步了,竟然還不知悔改,這樣的君王,跟著他又有什麼用
呢?

　　過分的恭維會腐蝕我們的心志,讓我們因為自滿而停滯了前
進的腳步,讓我們因為驕傲而拒絕了善意的批評,這樣一來,我
們便成了只退不進的人,更可怕的是,而自己卻仍然毫無所覺。

　　只愛聽好話,會讓心靈「偏食」,也無法適當為自己定位,
是絕對不會有好結果的。這位虢國國君的故事,我們應該深深引
以為戒。

PART ⑥

讓「僞善」
發揮最強的力量

千萬別忽略「僞善」的力量，
只要運用得宜，
它不只能幫助你抬高身價，
還能讓你獲得更多的喝采。

批評你的人，不一定是壞人

如果沒有勇氣面對外在的批評或打擊，那麼怎
麼能夠從競爭激烈的環境中脫穎而出呢？

　　沒有人喜歡被批評，無論是私底下或是公開場合，遭到批評
總是一件令人難堪的事。

　　可是，批評無疑是一個人精益求精的動力，如果你的周圍沒
有一個人批評過你，這並不表示你就是個優秀的人，而是說明你
根本不值得別人批評，或是沒有接受批評的雅量而已。

　　懂得把批評自己的人，當成讓自己精益求精的貴人，才能更
加成功。

　　艾列克在大學主修音樂，每天練習超過八個小時，同學們都
對他這種對音樂的執著感到相當佩服；由於在校的成績相當優異，
畢業之後，他如願以償地申請到獎學金繼續深造。

　　過了一段時間之後，艾列克的大學同學偶然在路上遇見他，
發現整個人都變了，從以往的神采飛揚，變得十分低沉消極。

　　原來，艾列克雖然申請到最好的音樂學院的獎學金，但是只

讀了八個月就輟學了。

他之所以決定輟學，主要原因是音樂學院的環境和大學大不相同，聽他演奏的對象並不是一般人，而是擁有專業音樂素養的精英，同時還得接受各種不同的批評。

這些批評有的很中肯，有的卻是惡意中傷。艾列克沒有辦法承受這種種的批評，開始一蹶不振。

艾列克非常沮喪，不管親朋好友怎麼勸導，都無法讓他釋懷。

後來，艾列克決定回大學去拿教育學位，改行當音樂老師，但是因為他已經對音樂失去信心，所以當了老師，同樣不熱衷於教學，慢慢地，就這樣放棄原本深愛的音樂了。

有位哲人說過一句值得我們深思的話語：「人應該為自己的理想去獻身，而不是為別人的言語去送死。」

想要達到自己的終極目標，就要有不顧一切奮力向前的積極精神，更要把批評自己的「壞人」當成激勵自己的貴人。讓自己的心理素質更加堅強，如此一來，你的精神狀態才會變得積極昂揚，勇於面對各種挑戰與考驗。

由於沒有接受批評的勇氣，所以許多人放棄了自己的夢想。

由此可見，要成為一名成功人物，除了立定目標之外，勇氣也是不可或缺的條件。如果沒有勇氣面對外在的批評或打擊，又怎麼能夠改善自己的不足，從競爭激烈的環境中脫穎而出呢？

讓「偽善」發揮最強的力量

千萬別忽略「偽善」的力量，只要運用得宜，
它不只能幫助你抬高身價，還能讓你獲得更多
的喝采。

很多人會認為「偽善」是一種壞習慣，但是別忘了，生活中
到處充斥的高尚行為，有時候也是一種偽善。

所以，只要運用得宜，適時的「偽善」也可以成為一種武器。

二〇〇〇年時，在曼徹斯特舉行的英格蘭超級足球聯賽中，
有一場比賽是埃弗頓隊對上西漢姆聯隊，比賽的過程十分激烈，
在最後一分鐘時，場上的比數仍然處於一比一平手的情況。

但是，在這個緊要關頭時，埃弗頓隊的守門員傑拉德因為不
小心在撲球時扭傷了膝蓋，瞬間倒地不起，於是，球就這樣落在
潛伏在禁區的西漢姆聯隊球員迪卡尼奧的腳下。

球場上沸騰的氣氛頓時安靜了下來，迪卡尼奧這時離球門只
有十二碼，在這樣近的距離下，不需要任何高超的技術，只要施
一點小力，就可以從容地把球踢進沒有守門員的球門裡，而西漢
姆聯隊也就能以二比一的比數獲得勝利了！

　　反觀埃弗頓隊，在這場比賽之前，已經連續敗了兩場，只要這個球一進，就落入了「三連敗」的命運。

　　現場數萬球迷都等著看迪卡尼奧會怎麼做。

　　在眾目睽睽之下，迪卡尼奧並沒有踢出「致勝的一腳」，反而彎下腰來，把球穩穩地抱在懷中。

　　這個舉動讓全場因太過驚訝而出現了片刻沉寂，接著全場爆出了如雷的掌聲，讚美迪卡尼奧這個不願意乘人之危的高尚行為。

　　深諳人性心理的人，總是能夠審時度勢，抓住週遭的人或事發動攻勢，不用大費周章就輕而易舉地為自己贏得掌聲。

　　這一球不需要什麼高難度的技巧，即使迪卡尼奧踢進了這一球，也不見得能提昇自己多少名氣，所以他選擇不踢，逆向操作的結果，反而讓自己聲名大噪。

　　有時候，適時的「偽善」行為，的確能讓人贏得更高的評價。千萬別忽略「偽善」的力量，只要運用得宜，它不只能幫助你抬高身價，還能讓你獲得更多的喝采。

自以為是，會妨礙你的前途

每個人都有不同的優點和特質，學著看對方的
優點，總比心高氣傲，為自己樹立更多敵人要
來得有建設性！

詩人薩克雷曾經說過：「假如你不懂得如何看待身邊那些小
人物，那麼，你一定不會成為智者。」

在人際關係中，最大的錯誤就是看不起別人。這種自以為是
的心態，不但會為自己樹立敵人，也可能切斷自己的發展前途。

維斯卡亞公司是美國八○年代最著名的機械製造公司，不但
產品銷售全球，而且也是重型機械製造業的龍頭。

這個公司是許多大學生夢寐以求的第一志願，儘管技術人員
早已爆滿，沒有空缺，不過仍然有很多畢業生希望能進入這家公
司工作。

詹姆斯就是其中之一。他和許多人一樣，在公司每年舉辦一
次的徵才上遭到拒絕，不過他並沒有放棄，下定決心一定要進入
這家公司工作，想出了一個很特別的辦法。

詹姆斯到人事部，向人事部經理提出請公司讓他來工作的要

求，任何工作都無所謂，甚至連薪水都不需要。

公司起初覺得這個提議很不可思議，但因爲考慮到不用付薪水就有人願意做事，於是便答應了詹姆斯的要求，派他去打掃工廠。

就這樣過了一年，詹姆斯每天勤奮地重複這種簡單但勞累的工作，爲了生活，下班後的他還得去酒吧打工。

在公司裡，就算許多工人任意地使喚他，詹姆斯也毫不介意。他的工作態度雖然慢慢地獲得人事部經理的好感，但是仍然沒有錄用他的打算。

一九九〇年初，公司面臨了訂單被退回的危機，退回的理由都是產品品質有問題。董事會緊急召開會議，可是卻沒有人提出解決的方法，就在這個時候，詹姆斯要求參加會議，並且說自己有解決的方法。

在會議中，詹姆斯把問題出現的原因詳細地做了解釋，還就工程技術上的問題提出了自己的看法。

接著，他拿出了自己的設計圖，這個設計非常先進，不但保留了原來機械的優點，同時也克服了已經出現的弊病。

原來，詹姆斯利用清潔工可以到處走動的優點，仔細察看了公司各部門的生產情況，並且一一做了詳細地記錄；他不僅發現了問題所在，還想出了實際的解決辦法。

董事們見到這個清潔工竟然有這麼大的本事，馬上詢問他的背景以及現況，經過董事會表決之後，詹姆斯立刻被聘請爲負責生產技術問題的副總經理。

　　看看詹姆斯的例子，千萬不要感到驚訝，在這個瞬息萬變的社會，今天的清潔工，也許明天就是你的頂頭上司。

　　那些你原本不放在眼裡的人一旦超越了你，就算他不跟你計較，你還是得花更多的時間才能彌補之前所犯的錯誤。

　　所以，與其浪費時間來彌補可能再也補不好的嫌隙，還不如平時就學習謙虛待人。每個人都有不同的優點和特質，學著看對方的優點，總比心高氣傲，為自己樹立更多敵人要來得有建設性！

我們都能用自信來創造機會

因為對自己缺乏信心，或對成功充滿疑慮，最後在猶豫與自我否定的氣氛中，促成了對手的成功機會。

出色的創意經常是成功者的致勝關鍵，然而，在這些點子的背後，其實還有一個更重要的組成要素，那正是成功者的自信。

換句話說，能讓目標成功的真正保障，不是這個創意思考有多吸引人，而是藏在創意裡，那份自信心所發出來令人激賞的光芒！

波爾格德是某位石油企業家的兒子，一九一四年中，從英國回到了美國，並接下石油開採的工作，要好好地幫助父親發展石油業。

有一年，奧克拉荷馬州有個石油井招標，由於參與投標的企業家相當多，其中不乏資本額雄厚的公司，競爭十分激烈，而波爾格德此時正巧成立一間石油公司，但一切都剛剛起步，所以資金方面並不充足。

「我恐怕不是他們的對手，要怎麼辦才好？」波爾格德苦惱

地想了半天，最後總算讓他想出了一個點子。

投標當天，波爾格德借了一套相當名貴的衣服，並約了一位在當地十分著名的銀行家，陪他前往投標會場。

到了會場，波爾格德顯得氣度不凡且胸有成竹，再加上身旁那位赫赫有名的銀行家，令在場企業家們都忍不住多看了他好幾眼。

原本躍躍欲試的投標者，看見波爾格德的氣勢如此強盛，個個心中都不禁忐忑不安，再想到他是石油富商的兒子，又有銀行家作參謀，所有人心中竟紛紛響起了這樣一個聲音：「我恐怕標不到了！」

於是，令人意外的景象突然發生，企業家們竟有人開始放棄、離開，即使留下來的人也懶得競價了。

結果，波爾格德只以五百美元的低價，輕易地拿到了開採權，他笑著說：「沒想到竟然能唬過他們！」

四個月後，波爾格德得標的那個油田，開採出極優質的石油原料，讓他在這個油田上獲得龐大的利潤。

在巧思經營與眼光獨到的能力下，一九一七年六月，二十三歲的波爾格德就已成為擁有四十家石油公司的富翁。

因為看透人們心理的弱點，聰明的波爾格德只用自我包裝的手法，便唬過了其他實力雄厚的投資者，這不代表波爾格德行事不夠光明，只是大多數人對自己太沒自信了。

在競爭激烈的現在社會中，所謂的創意點子或偽裝技巧，只不過是整件事中的一小部份。事實上，這些成功的助力與扭轉結

局的關鍵力量正是故事中的其他投標者。真正幫了對手大忙的功臣，其實是他們自己。

　　他們因為對自己缺乏信心，或對成功充滿疑慮，最後在猶豫與自我否定的氣氛中，促成了對手的成功機會。

　　仔細想想，你是否發現自己也曾有過這樣的念頭：「看看人家，他一定比我優秀，我一定又要被淘汰了。」

　　這個念頭出現之後，你便真的被淘汰了，其中原因並不是因為對方太強，而是你在賽事還未開始之前就自願放棄了。

　　看清楚故事中的旨意了嗎？

　　在我們學會以包裝欺敵之前，別忘了先紮實地建立起你的自信心！

待人接物要懂得靈活變通

雖然我們每天要面對的事情很多，但總離不開
待人接物，只要能學會圓融的處世態度與方
法，再麻煩的人和事都一定能輕鬆解決。

想圓融處世，獲得最後的成功並不難，難的是你不願打開心
扉與那些你認定是「壞人」的人溝通。

所以，達賴喇嘛曾說：「人與人之間的重重藩籬，問題不在
別人而是自己，因為這個藩籬是我們自己建的！」

曉亞在朋友的介紹下，來到一間皮鞋店工作，只是上班的第
一天，她便碰上了一個非常挑剔的客人。

這位穿著十分摩登的女孩，皮鞋穿過了一雙又一雙，卻始終
都不滿意，而耐心的曉亞則一直都帶著親切的笑容，未露一點慍
色。

這會兒她拿來了一雙十分新潮的皮鞋，女孩穿上鞋子時，曉
亞立即誇讚說：「小姐，這款式很適合妳喔！妳看，穿在妳的腳
上多麼漂亮啊！」

女孩側著身，仔細地看著鏡裡的自己，接著滿意地說：「好，

這雙鞋我買了，多少錢？」

「三百八十元。」曉亞親切地說。

女孩面孔依然冷冷的，然而就在她打開錢包時，眉心突然一皺：「糟了，我的錢不夠耶！我這裡只有二百五十元，這樣吧！我先付二百五十元，明天再把其他的拿來給妳，好嗎？」

曉亞一聽，連忙點頭說：「好！」接著，她拿出了單據，上面寫下了：「鞋一雙，已付二百五十元，尚欠一百三十元整。」

「麻煩您簽名一下！」曉亞將收據拿給了女孩簽名。

女孩先是一愣，接著則爽快地簽下了「施娜」二個字。

曉亞接著便將已包裝好的鞋子拿給女孩，這一切正巧被老闆看見了，他關心地走過來問曉亞：「那個人是妳朋友嗎？」

曉亞搖了搖頭：「不是，我不認識她。」

老闆一聽，臉上立即滿佈怒火，「那妳怎麼可以讓她賒帳呢？妳確定她還會來付錢嗎？」

沒想到曉亞竟笑著說：「會！因為，那盒子裡裝的都左腳，所以她明天一定會回來換鞋！」

老闆聽見曉亞的妙計，忍不住豎起了大拇指：「聰明！」

不論是IQ或是EQ，曉亞都表現得十分精采，面對顧客的挑剔，仍能耐心接受並微笑以對的服務態度，當然能擄獲消費者的心。

雖然最後被別有居心的顧客擺了一道，但機智的曉亞仍然牢牢地將主控權抓在手中，反將了客人一軍。

在待人處事上，我們是否也能像曉亞一般，不論遇見什麼樣

的狀況，皆能把握主導權，並能圓融且輕鬆地解決每一件事呢？

人與人之間的關聯與糾結，不管問題多麼簡單，我們都經常深陷在人事的困擾中，也讓原本簡單的事件變得越來越複雜。

千萬別輕忽了待人接物的重要性。它看似簡單，事實上卻是我們一生中是最困難的課題，許多人走過了大半人生，都還不一定懂得把壞人變成貴人。

想把小人變貴人，就讓生活多轉幾個彎吧！在轉彎時，別忘了讓自己在這些個彎角透一透氣，雖然我們每天要面對的事情很多，但總離不開待人接物，只要能學會圓融的處世態度與方法，再麻煩的人和事都一定能輕鬆解決。

不要遭到反駁就退縮

> 想要讓別人了解自己，首先就必須讓對方明白自己的想法，不要擔心別人的反駁或質疑，因為只有反駁和質疑才能讓原來想法中的瑕疵消失。

每個人都有自己的看法或意見，也有自己的價值判斷，但卻不是每個人都「敢」表達自己的想法或意見。

要是你連自己的想法都不敢說出口，那麼你如何有勇氣面對困難，如何能創造機會，進入成功的殿堂？

有一個學生考上了英國牛津大學的博士班，但是這個學生卻在參加口試的時候，因為教授質疑她的研究計劃，而和教授展開激烈的辯論。

教授大聲地說：「妳的研究計劃包含了不下十個錯誤，根本就不是一個合格的研究計劃！」

學生也不甘示弱地反駁教授：「這只能表示我的研究計劃不成熟，並不表示這個計劃不合格！如果您能接受我成為您的學生，我有信心，一定可以把這個計劃執行得盡善盡美。」

教授很生氣地說：「難道妳要我指導一個反對我理論的學生

嗎？」

學生回答：「坦白說，教授，我就是這麼想的。」

口試結束後，學生心裡想：「牛津大學應該不會錄取我了。」於是，她垂頭喪氣地坐在門外等候通知。沒想到，助教在宣佈錄取名單時，竟然出現了這個學生的名字。

名單宣佈完後，教授當著眾人的面對她說：「孩子，雖然妳罵了我兩個小時，但是最後我還是決定錄取妳。我要妳在我的指導下反對我的理論，這樣一來，如果事實證明妳是錯的，我會很高興；如果證明妳是對的，我會更高興。」

法國文豪雨果在《笑面人》裡寫道：「打破一切成規，蔑視一切守則，敢做敢為敢破壞，這就是真正的生活。」

真正聰明的人，總是勇於挑戰權威，不會遭到反駁就退縮。

正因為如此，他們往往能明白闡述自己的想法，將那些看似凶神惡煞的「壞人」變成生命中的貴人。

想要讓別人了解自己，首先就必須讓對方明白自己的想法。

不要擔心別人的反駁或質疑，因為只有反駁和質疑才能讓原來想法中的瑕疵消失。而且，就算說明想法之後還是無法得到認同，至少你努力過，也證明了你不是個遇到困難就退縮的人。

從別人的眼中發現自己的不足

> 在乎別人的看法並不等於是接受別人的束縛，
> 而是藉由別人的眼光來發現自己的不足，並且
> 讓自己更有進步的空間。

「只要我喜歡，有什麼不可以」，這句流行一時的廣告詞，至今還有許多人津津樂道，特別是那些覺得自己很有「個性」、實際上沒有主見的人，更是將這句話奉為經典。

其實，現實生活中若是太有個性，只會讓別人覺得你幼稚而已。

有一個少年到一座農場去應徵，農場主人看到少年，便問他說：「你想在我的農場工作是不是？」

「是的，先生。」少年畢恭畢敬地回答。

農場主人接著問：「那麼，你可不可以拿出一張證明書，來證明你是個工作認真，並且值得信賴的人呢？」

少年回答說：「當然可以！我可以去找雜貨店的老闆邁格斯先生，他以前僱用過我。」

農場主人聽了，說道：「那好，你去把邁格斯先生找來，讓

我跟他談談。」

　　少年離開了農場，可是過了一整天，不但邁格斯先生沒來，連少年都沒有再回到農場。農場主人覺得很奇怪，於是第二天一早便到鎮上找那個少年。

　　農場主人看到少年，便開門見山問他說：「你昨天為什麼沒有把邁格斯先生帶來農場呢？」

　　「很對不起，」少年跟農場主人道歉：「因為我沒有要求他到農場去。」

　　「為什麼？」農場主人疑惑地問。

　　「啊！那是因為他跟我說了有關你的事。」

　　作家米爾頓曾經說：「人和天使都不善於識別偽善，因為，偽善是包裝精美的罪惡，有時候，連上帝也會上它的當。」

　　然而，不論如何偽裝，某些不經意的評價還是會洩漏一個人的底細。

　　這雖然只是一個故事，卻說明了別人對自己評價的重要。即使是與自己不同地位，或是不同領域的人，也不可忽略他們的看法，因為這些看法或評價都是自己造成的。

　　所以，在乎別人的看法，並不等於是接受別人的束縛，反而是藉由別人的眼光來發現自己的不足，並且讓自己更有進步的空間。

你有沒有成功的勇氣？

充分了解自己個性是掌握成敗的關鍵，只要能針對自己的缺點改進，那麼原本不屬於你的成功特質，也會逐漸成為你個性的一部分。

■■■

成功需要具備許多特質，但這些特質並不一定都是與生俱來，有些是可以靠後天培養的。

其中，最難培養的就是「勇氣」，因為勇氣是邁往成功的第一步，沒有了勇氣，那麼任何事情也都無法完成了。

莫瑞兒‧西伯特常被尊稱為「金融界的第一女士」，因為她在紐約的證券交易所裡擁有席位，並且是第一個在交易所擁有席位的女性。而她位於紐約的莫瑞兒‧西伯特公司，也是全美最成功的經紀公司之一。

西伯特從小就希望擁有自己的事業，從俄亥俄州到紐約來打天下，剛到紐約的時候，全身的財產只有牛仔褲裡的五百美元。

她在紐約的第一份工作，是在一家經紀公司當一名周薪六十五美元的實習研究員。

有一天，西伯特接到一個好消息，一家她曾經寫過報告的公

司來電，告訴她因為她寫的產業分析報告，使他們公司賺了一筆錢，就這樣，西伯特得到了她生平第一份公司訂單。

從此，西伯特的業績開始蒸蒸日上，不過她並不因此而滿足；她一直努力想爭取一家大型經紀公司的合夥資格，卻因為女性的身分而遭到對方拒絕。

這個打擊讓西伯特明白了一件事：想要在這個男性掌權的環境中生存下去，就必須創立自己的事業。

雖然，當時她連租一個辦公室的資金都湊不出來，只能把別家公司提供的小角落充當辦公室，但她還是決心要放手一搏。

莫瑞兒‧西伯特就在這個臨時辦公室裡展開了她的事業。

結果，六個月之後，西伯特就遷出了這個簡陋的辦公室，搬進屬於她自己的辦公室。而且，經過不斷地奮鬥之後，莫瑞兒‧西伯特終於成功地建立了頗具規模的企業。

英國詩人白朗寧曾經說過：「胸懷遠大目標，無論達到與否，都會使人的生活充滿意義。」

訂定奮鬥目標之前，一定要先徹底了解自己有沒有充足的準備，並且反覆地檢討自己的優缺點，因為，未經深思熟慮，貿然的行動，只會讓自己陷入不必要的麻煩中。

其中，充分了解自己的個性是掌握成敗的關鍵，只要能針對自己的缺點改進，那麼原本不屬於你的成功特質，便會在不斷地努力後，逐漸成為你個性的一部分。

機會就在「麻煩」中

機會往往就隱藏在層層的麻煩之中，如果你想
成功，別吝嗇你的時間，只要願意堅持下去，
一定能找到成功的契機！

　　每個人都不喜歡麻煩，也沒有人會自找麻煩，可是麻煩的事
情中，卻往往隱藏著成功的契機。如果沒有那些愛「找麻煩」的
人，世界上的成功者也許會因此減少很多。

　　費爾德是架設海底電纜的創始者，當他決定進行海底電纜這
個計劃時，毫不猶豫地把自己所有的財產都拿出來，投資在開發
海底電纜上。

　　為了尋求國會議員的支持，他在國會議題討論中不知道接受
過多少議員的質疑和反對，但是費爾德並不灰心，最後終於獲得
國會議員過半數通過支持，讓他的計劃得以執行。

　　因為舖設海底電纜是一項前所未見的工程，所以在第一次架
設的時候，就因為電纜在海裡無法舖超過五公里而失敗。接下來，
他仍然不斷地遭遇到許多慘痛的失敗，但是他一步一步地修正，
最後，終於在一八五八年完成了世界上第一條海底電纜。

電纜雖然架設好了，但遺憾的是，只營運了幾個星期就停擺。可是費爾德還是不死心，仍然到處說服投資人，籌集資金準備做最後一搏。

好不容易有公司願意支援費爾德的計劃，但是舖到兩千四百英哩的地方時，電纜又斷了，一切的努力又付諸流水，損失金額超過六百萬美元。

經過十二年不停地努力，一八六六年七月二十七日那天，終於成功地完成了電纜的工程。第一個透過海底電纜傳來的消息是：「感謝上帝，電纜舖好了，運行正常。費爾德。」

一味把自己的人生希望寄託在別人身上，不僅僅是危險的行徑，同時也是可憐與可悲的懦弱表現。

遭逢困境或瓶頸之時，必須認清現實，冷靜地分析如何突破，因為，導致我們失敗的，往往不是困境本身，而是我們面對困境的心理狀態！

真正聰明的人，總是保持冷靜的心境，讓自己順利突破困境。

有時候，「自找麻煩」反而是讓自己成名的大好機會，因為大多數人都怕麻煩，所以「自找麻煩」的人反而特別容易引人注意。

機會往往就隱藏在層層的麻煩之中，如果你想成功，別吝嗇你的時間，只要你願意堅持下去，你一定能找到成功的契機！

PART 7

提升應變能力，
才能逢凶化吉

現實生活裡，任何事都可能發生，

許多人習慣以硬碰硬，

或以強制的手法來解決事情，

其實，這種方法只會讓事情

變得更加棘手而已。

與其強迫威逼，不如投其所好

溝通有很多種方法，我們可以用不傷人的方
式，或旁敲側擊的暗喻來表達，只要懂得延伸
和變通，事情就能有更完美的結果。

法國哲學家拉布呂耶爾說：「與其令對方服從我們，不如我
們附和對方更為便捷而且有益。」

沒有人不喜歡對自己有益的事情，因此，附和對方的喜好，
然後找出雙方的共同點，就會使交涉更加便捷，更有益處。

很多時候，與其強迫威逼，不如投其所好來得有效，想要獲
得成功，就必須懂得解讀別人的心理需求，明瞭對方要的是什麼，
尤其是面對小人，這套心理作戰方式更加重要。

有一次，名作家愛默生為了把一頭小母牛趕進牛欄，費盡了
力氣都無法完成。

他的兒子愛德華見狀，便用一隻胳膊摟住牛的脖子，而愛默
生則在後面推，沒想到們越用力，小母牛越不願移動。

父子倆為了這頭母累得面紅耳赤、滿頭是汗，全身都沾滿了
牛糞，簡直氣瘋了。這時，有位愛爾蘭小女孩路過，看到這個景

象，便在一旁開心地大笑，只見她走了過來，把一個手指伸進小母牛的嘴裡，溫柔地拍著牛背，就這麼輕鬆簡單地讓小母牛乖乖走進了牛欄。

愛默生看到這情景後，陷入了沈思，還把此事記入他的手記中。

另外，有一個關於邁克爾‧費羅迪發明第一架電動機的軼聞。

費羅迪發明了電動機後，為了讓英國首相威廉對他的發明感興趣，並給予支持，於是帶著原始模型——「一塊磁鐵，上面繞著一些電線」去找首相。

他給首相看了模型的操作，並講解其中深奧的原理，可是，在他解說的時候，首相卻始終提不起興趣。

「使用它有什麼好處呢？」首相不耐煩地問費羅迪。

「當然有好處，有一天，你可以從它的身上增加許多稅收。」這位科學家靈機一動地回答道。

首相一聽可以增加許多稅收，馬上對他的發明表示認可，並給予他很大的支持。

我們所遭遇的人，可能比我們想像中正直，也可能比想像中陰險，尚未摸清對方的人格特質與心理需求，就採取直來直往的應對方式，試圖與對方較勁，或者「以理服人」，其實是相當危險的。

結果不是徒勞無功，便是讓自己碰得鼻青臉腫。與其如此，倒不如旁敲側擊，以「投其所好」的方式應對或說服。

想要說服別人，尤其是滿身是牛脾氣的人，就必須先了解他

們對什麼事最感興趣，進而順勢引導，才能獲取成功。

　　其實，以他們最感興趣的事物作誘引，並不是迎合拍馬，而是一種不得不然的溝通技巧，那只是一種輔助的方式，與你的終極目標完全沒有衝突，你的人生方向也絲毫不受影響。

　　溝通有很多種方法，我們可以用不傷人的方式，或旁敲側擊的暗喻來表達，只要懂得延伸和變通，事情就能有更完美的結果。

不要用情緒解決問題

「以柔克剛」的溝通技巧，不僅讓可能引起對
立的情緒消失，更能心平氣和地溝通交談。

德國作家孚希特萬格說：「只有傻子才會對照出自己容貌的
鏡子生氣。」

這番話告訴我們，面對別人的批評，先按捺住情緒，勇敢檢
討自己所有的缺失，才是明智之舉。

日本知名的心理學者多湖輝先生，就讀大學的時代，曾遇上
一位教學非常嚴格的德文教師。

有一次，講課之時，這個德文老師不小心犯了一個錯誤，而
發現這個錯誤的，只有多湖輝一個人。

於是，多湖輝為了讓老師出醜，便直指老師的錯誤，但是老
師卻很謙虛地說：「你說得對，能發現這麼重要錯誤的，只有你
一個人，其他的同學都沒發現嗎？是不是都在睡覺呢？」

老師誇讚了多湖輝之後，接著說：「這個部份是每個人都很
容易出錯的地方，大家要特別注意。」

　　本來，多湖輝和同學們都認為，老師會因為學生的指責而惱羞成怒，沒想到他竟是如此友善，虛心受教，在誇獎多湖輝後，反而讓學生們對老師產生了敬重，更加肯定他的教學，從此也不再批評老師嚴格的教學了。

　　從多湖輝的這則小故事中，我們學到了另一種「以柔克剛」的溝通技巧，更學到以「謙虛為懷」化解問題的好處，不僅讓可能引起對立的情緒消失，更能心平氣和地溝通交談。

　　這正是習慣以情緒解決問題的現代人，必須學習的技巧。

　　批評和指責的原因一點也不重要，重要的是，在發現問題後如何改善，並且記得不再犯同樣的錯。

　　所以，下次若有人不客氣地告訴你：「你知不知道你犯了很大的錯誤」時，別急著動火，先說聲「謝謝」。

　　相信對手會因為你的虛心受教，願意提供更多的意見，甚至給予協助，為彼此創造雙贏的新局。

提升應變能力，才能逢凶化吉

現實生活裡，任何事都可能發生，許多人習慣
以硬碰硬，或以強制的手法來解決事情，其
實，這種方法只會讓事情變得更加棘手而已。

任何事情都有正反兩面，就像一把刀，如果你抓的是刀刃，
最好的事情也會傷害你；如果你抓的是刀柄，那麼最有害的事情
也會保護你。

在這個小人橫行的年代，遇到凶險能不能保護自己，讓自己
全身而退，關鍵就在於應變能力的強弱。

想要避免突來的災禍，必須多多訓練自己的危機應變能力，
學習基本防身術或是研究人性心理，都將有助於提高機警、應變
的能力。

一天深夜，有個打算犯罪的男子，在地鐵站盯上了一位婦女。

出了車站之後，這名男子一路跟蹤婦人，一直跟到了一個很
偏僻的地方。此時夜深人靜，男子見四下無人，便準備伺機對婦
女行搶、施暴。

只見他加緊了腳步，一下子就趕上了這位婦女，沒想到就在

這個時候，婦人突然轉過身來，以十分誠懇的語氣說：「啊，先生，很高興能碰上你，現在夜深人靜，路又黑暗，我一個人要趕路實在很不安全，你可不可以陪我一段路啊！」

婦人拜託這名男子，並且以非常信任的口氣對他提出請求，這個舉動竟讓男子一時間不知所措，只好茫然地點頭答應了。

一路上，婦人將他當做是熟識的朋友一般聊天，一點也沒有把他當成歹徒加以防備，這使得原本想犯案的男子，不知不覺地將她送到家門口，並且始終沒有採取任何行動。

事後，這個男子回憶說，他本來是想對她行搶、施暴的，但是因為她的這個舉動，不僅令他打消了犯罪念頭，更使他恢復了正常的人性，從此他再也沒有動過犯罪的念頭，反而多了份行俠仗義的企圖心！

其實，根據犯罪心理學家的研究，一般罪犯者在心理上比較自卑，往往缺乏信心，對自我價值抱持著否定的態度。

這位婦女是以肯定人性的心理戰術，並且機警地運用「以柔克剛」的態度，不僅順利地感化了對方，也為自己化解了一次危機。

現實生活裡，任何事都可能發生，許多人習慣以硬碰硬，或以強制的手法來解決事情，其實，這種方法只會讓事情變得更加棘手而已。

試著放軟身段吧！不要以卵擊石，而要以柔克剛，如此才能逢凶化吉。

正話反說，就能把事情輕鬆解決

> 如果我們能從人性的心理著手，以旁敲側擊或
> 是正話反說的方式克服，不僅不會得罪任何
> 人，還能收到很好的功效。

戴爾·卡內基在《人性的弱點》裡說：「太陽能比風更快的脫下你的大衣；風趣幽默的方式，比任何命令更容易改變別人的心意。」

日常生活中，有些人的習慣是無法用強制的方法加以改變的，與其命令，倒不如反其道而行。

在印度，許多婦女都習慣帶著帽子看電影。

可是，這些帽子常常擋住後面觀眾的視線，於是便有員工建議電影院的經理，張貼個公告，禁止她們戴帽子進場。

但是，經理卻搖頭說：「這樣限制的話，恐怕會造成觀眾的流失，我還是必須尊重她們戴帽子的習慣。」

大家聽了之後，都感到十分失望。

不過到了第二天，在影片放映前，這位經理卻在銀幕上播放了一段公告：「本院為了照顧『衰老有病』的女客人，特別允許

她們戴著帽子，即使電影放映時也不必摘下。」

但是，當這串文字從螢幕上一跑出來，所有的女客人立刻都把帽子給摘下來了。

聰明的電影院經理，利用一般人害怕衰老有病的心理，沒有得罪任何客人，輕輕鬆鬆地就把問題給解決了。

我們習慣以「限制」或「法令」來強制規範別人的行為，成效不彰的情況比比皆是，這是因為大多數人都不喜歡「被約束」的感覺。

如果我們能從人性的心理著手，以旁敲側擊或是正話反說的方式克服，不僅不會得罪任何人，還能收到很好的功效。

遇到那些蠻橫不講理或不遵守規矩的人，大文豪莎士比亞提醒我們：「不要輕易燃起心中的怒火，它燒不了敵人，只會灼傷自己。」

每個人的周遭都有一些讓人難以忍受的人，當你想挺身而出主持公道的時候，千萬不要輕易抓狂，應該暫時忍下心中的憤怒與衝動，如此才能冷靜想出應變知道，輕鬆戰勝這些人。

保持鎮定，你才能脫離險境

> 開始行動的時候，一般人都會非常專注而仔
> 細，但是，這樣的努力往往持續不到幾分鐘，
> 便慢慢地開始失去了耐性了。

　　每個人都有個性上的缺點，也有著視野上的盲點，遇到危險的時候，只要你能保持鎮定，掌握這些人性的通病，就能幫助自己脫離險境。

　　你必須提高應變能力，把自己訓練得像兔子一樣敏捷，像狐狸一樣狡猾，像老虎一樣沉穩而又凶悍。

　　一八九七年，密謀策動革命的列寧，被俄國沙皇當局逮捕，流放到西伯利亞邊區。到了西伯利亞，列寧仍不放棄革命活動，積極地在各地運作，並和各區革命活動的參與者保持聯繫。

　　當然，沙皇也沒有放鬆對列寧的監視，不過機警的列寧每次都能巧妙地擺脫險境，而這些機智表現，更加突顯了他的智慧與勇氣。

　　一八九九年五月二日的晚上，沙皇的憲兵隊突然闖入了列寧的住處進行搜索，遇上這個突如其來的搜查行動，列寧仍從容而

鎮定地將椅子遞給憲兵，讓他們有個輔助工具能站上去，方便搜尋櫃子的頂端。

於是，憲兵們都爬上了椅子，開始仔細搜查。剛開始，他們找得非常仔細，但是面對著一疊又一疊的統計資料，他們看得都昏頭腦脹了起來，慢慢地也失去了耐心，一直搜到下面幾格抽屜時，他們只是隨便地掃了掃，就不再繼續搜索了，最後扔下滿屋子的紙張卡片，一無所獲地離開。

其實，他們都沒料到，只要他們搜查得再仔細一點，馬上就可以找到他們所要的證據了。因為，列寧最重要的秘密文件和書信，正是放在櫃子最下面的那幾個抽屜裡。

開始行動的時候，一般人都會非常專注而仔細，但是，這樣的努力往往持續不到幾分鐘，便慢慢地開始失去了耐性了。

關於這一點，列寧當然非常清楚，所以他鎮定地轉移憲兵們的注意力，讓那些士兵們開始產生「三分鐘熱度」的效應，使自己躲過這場危險的搜查行動。

換個角度想，我們是否也像這些憲兵一樣，經常是三分鐘熱度？

在這個故事中，除了告訴我們保持鎮定的重要性外，另一個重點，就是做任何事都要堅持、有耐心，只要能多堅持一秒，成功就能與我們更靠近。

嘲弄，也是應付小人的方式

連大學者胡適，都曾被狠狠地被嘲諷了一番，那些總是粗淺學習的人，或老是帶著半調子而自大驕傲的人，更不值一提了。

俄國幽默作家契訶夫曾經說道：「一次絕妙的嘲笑，所起的作用會比十次訓話還大得多呢！」

在某種情況下，嘲諷令人厭惡的小人，不失為制止他們氣焰的好方法。

有一段時間，胡適對於墨子的學說很感興趣，而且也下了許多功夫研究，自認為頗有心得。

在一次宴會中，胡適與黃季剛正好坐在一起，一坐下來，便迫不及待對黃季剛大談墨子思想。但是，黃季剛在他說完後，突然大罵道：「現在講墨子的人，都是混帳王八蛋。」

胡適知道黃季剛素有「黃瘋子」的外號，既然話不投機半句多，他只好忍住不再多話，對剛剛的事也不作任何回應。

怎料黃季剛竟繼續罵著：「胡適的父親是混帳王八蛋。」

這下子，個性和順的胡適再也忍不住了，他氣憤地對著黃季

剛怒斥不該侮辱他的父親。沒想到這會兒，黃季剛卻反而微笑著說：「你不要生氣，我只是要考一考你，你知道墨子講求兼愛，也說他是無父的，但在你心中卻仍有父親，可見你還不是墨子的標準信徒。」

雖然這是一句很粗俗的玩笑話，卻一針見血地說中了胡適對於墨學研究不夠深入的事實。

黃季剛的這句玩笑，讓胡適知道所學不夠專精的缺點，用「話中有話」的方式對胡適作指導，如此一來，反而減少了直指缺失時的對立。

這則故事隱藏了兩個不同的意義，一是用玩笑話的解題技巧，另一個則是深入研究的重要性。

尼采說：「凡事一知半解，寧可什麼都不知道。」

連身為大學者的胡適先生，都曾被黃季剛評定為研究不夠深入，還被他狠狠地被嘲諷了一番，那些總是粗淺學習的人，或老是帶著半調子而自大驕傲的人，更不值一提了。

從這則小故事中，我們不難理解，有時候，適時地加以嘲弄也不失是應付小人的一種方式。

智力會提高成功的機率

不管是在商場上，還是政治爭鬥中，只要你能
比別人多用一分智力，那麼你就能比別人多十
分的成功機率。

在人生的各項競爭中，是否具備聰明才智，往往是決定勝負
的關鍵。

因此，平常就得經常鍛鍊自己的腦力，讓才智像太陽一樣發
光，如此它才可能成為你克敵致勝的秘密武器。

宮本武藏是日本史上最著名的劍俠，不但武藝超群，而且對
兵法、禪學及心理學都有相當的研究。

因為他上知天文又下知地理，更懂得舉一反三，將理論落實
於生活中靈活運用，所以他總是能在歷次爭鬥中獲得勝利。

像他和佐佐木小次郎在岩流島的決鬥，就充分地顯示出他的
作戰技巧。

首先，他和對方約定好決鬥的時間，接著故意遲到二個小時，
這麼一來，對手在等待的過程中，便會產生厭惡和急躁的情緒，
而導致對手注意力的分散。

第二，在準備決鬥之時，宮本武藏刻意選擇了背向大海的位置，如此一來，佐佐木小次郎就正好面對直射過來的陽光，因為受到陽光的刺激，雙眼便很容易產生疲勞。

而且，聰明又狡猾的宮本武藏站在背對太陽的方向，對於面向太陽的小次郎來說，宮本武藏冷酷的形象便會加大，於是，在戰前的心理交戰中，宮本武藏就已經佔盡了優勢。

所以，佐佐木小次郎在無法充分發揮實力下，便被對手一劍刺死了。

雖然，當時在場監戰的高手都指出，小次郎的戰鬥實力並不比宮本武藏差，甚至比他更強。但是，宮本武藏善於利用天勢、地理等條件，又能掌握對手的心理，自然就顯得技高一籌了。

真正的高手不會用蠻力迎戰，而會採取以智剋人的方式，靠機智獲得最後的勝利。

著名的空城計，讓諸葛亮不戰而屈人之兵，順利嚇走司馬懿，那不只是一場成功的守城，更是諸葛亮結合了心理戰術，以智取勝的結果。

援用到現實生活中，不管是在商場上，還是政治爭鬥中，只要你能比別人多用一分智力，那麼你就能比別人多十分的成功機率。

答案就在自己的手裡

人生的難題其實並不難，難就難在捏在手中的
「鳥兒」，老是被鑽牛角尖的人粗暴地捏死、
輕易地放走。

每個人的身邊都有一些小人，像揮之不去的蒼蠅，整天忙著
進行損人、害人的卑劣勾當。有的人雖然還稱不上小人，卻喜歡
用一些奇奇怪怪的問題刁難別人，讓人煩不勝煩。

面對老是喜歡用問題刁難別人的人，你大可告訴他們：「要
想解開人生的種種難題，請努力從自己身上尋找解決的方法吧！
別老是依賴別人的答案，因為答案其實已握在你的手中。」

有一個很古老的故事是這樣的：從前有位老智者，不論人們
問他什麼問題，他都能給對方一個滿意答案，而且從來沒有出錯
過。

有一天，村裡一個聰明的小孩，終於想出了一個難題，準備
要考考那位聰明的老人。只見他拿了一隻小鳥，來到老人家住的
地方，一進門就笑嘻嘻地問老人說：「你說，我手裡的鳥是活的，
還是死的？」

　　智者沉思了一會兒，回答說：「我的孩子，如果我說這鳥是活的，你肯定會把牠捏死；如果我說牠是死的，你也一定會鬆手讓牠飛走。所以，這個問題的答案，就在你自己的手裡。」

　　從這個故事裡，不知道你得到了什麼樣的訊息和啓示？

　　你可以用兩個角度來看，一個是小孩子的，一個是老智者的。

　　前者所表現的正是多數喜歡自尋煩惱的人，這類人不是喜歡鑽牛角尖，就是只會怨天尤人，總是喜歡用模稜兩可的問題刁難別人，就算答案已明擺在他們的眼前，他們也會吹毛求疵或試圖狡辯。

　　遇上這些煩人的人，老智者知道多說無益，唯有他們自己省悟了，事情才會得到眞正的解決。

　　遇到類似的狀況，如果你懂得巧妙應對，不但讓對方無法得逞，更表現出自己的泰然自若，不只替自己解圍，同時也突顯出自己的睿智。

　　人生的難題其實並不難，難就難在捏在手中的「鳥兒」，老是被鑽牛角尖的人粗暴地捏死、輕易地放走。

凡事盡力做到最好

人往往會因為外在環境的嚴峻、冷酷，或是內
心世界的鬆懈、怠惰，做事時無法貫徹始終，
到最後夢想自然變成空想。

成功的法則其實很簡單，那就是不管情況如何，都要竭盡全
力去做好自己應該做、最想做的事情。這個法則看似簡單，然而，
大多數人卻無法徹底奉行，因此，總是和成功擦肩而過。

有一位風度翩翩的年輕軍官，穿著海軍制服，快步地走進了
海曼·里科弗將軍的辦公室。坐定之後，召他前來的里科弗將軍
就讓這位青年挑選任何他希望討論的話題。

於是，他們打開話匣，討論了時事、音樂、文學、海軍戰術、
電子學和射擊學……等等。

在談話過程中，將軍一直注視著軍官的眼睛，並不斷地發問，
常常問得這位年輕軍官瞠目結舌。但是，這些題目都是這位軍官
自己挑選的，他原本以為自己懂得很多，卻沒想到，在這樣互動
之下，原來自己所知道的是少之又少，令他羞愧地冷汗直流。

終於，談話結束了，最後將軍問了他成績。

「先生，在八百二十人中，我名列第五十九名。」這位年輕軍官說到排名，又忍不住自豪了起來。

但是，將軍卻又反問他：「你已竭盡全力了嗎？」

「沒有！」年輕人很誠實地回答：「其實，我常常沒有盡到全力。」

「為什麼你不竭盡全力呢？」將軍嚴肅地看著他許久。

年輕軍官低下了頭，從此以後，他將「竭盡全力」做為自己的座右銘，不斷地鞭策自己，並努力學習，凡事都竭盡全力地做到最好。

這位二十四歲的海軍軍官，正是後來的美國總統──卡特。

卡特回憶說，他終生都不會忘記這個寶貴的訓示，每當他想起里科弗將軍神情嚴肅的問話：「為什麼不竭盡全力？」這句話總會非常強烈地激勵著他。

人往往會因為外在環境的嚴峻、冷酷，或是內心世界的鬆懈、怠惰，做事時無法貫徹始終，到最後夢想自然變成空想。

愛迪生說：「我不是天才，我只是竭盡全力去做而已！」

當一個舉世聞名天才說，他的成就只是因為盡了全力時，你怎麼能因為自己的情緒起伏和意志不堅，給自己半途而廢的藉口呢？

PART 8

面對挑釁，何必太認真？

若是你不希望讓周遭的小人煩擾生活，
不希望被無謂的事情擾亂心情，
就讓看事情的視野多一些角度吧。

不要聰明反被聰明誤

不要太相信自己的學經歷，天才與蠢才之隔，
就是一個時常動腦思考，一個靠著小聰明而頻
頻跌倒。

德國科學家貝爾納曾說：「不少學者就像是銀行的出納人員，
即使掌握了許多金錢，這些錢也不是他的財產。」

正因為如此，我們才會在層出不窮的詐騙案中，赫然發現許
多受害者有著超高學歷，甚至是教授級人物。

不是會唸書的人就一定聰明，也不是學歷高的人說的話就一
定對，因此，別再仗著自己有些小聰明而志得意滿。

如果你沒有讓自己繼續成長，你的小聰明永遠就只有那些。

成長與學習停滯的人，永遠也不會有大智慧，希望自己能有
所成就，肯定是件困難的事。

一位美國汽車修理師有一個習慣，非常喜歡在工作時說笑話。

有一次，他從引擎蓋下抬起頭來，問一位前來修車的博士：
「博士，有個又聾又啞的人到一家五金行買釘子，他把兩個手指
頭並攏，放在櫃台上，又用另一隻手做了幾次鎚擊動作，於是店

員給他拿來一把鎚子。他搖搖頭，指了指正在敲擊的那兩個手指頭，店員便給他拿來了釘子，他選出合適的就走了。接著，店裡又進來了一個瞎子，他要買把剪刀，你猜他要怎麼表示呢？」

這位博士想了一下，便舉起右手，用食指和中指，做了幾次正在剪東西的動作。

修理師一看，開心地哈哈大笑起來：「啊！博士你真笨，他當然是用嘴巴說要買剪刀呀！」

接著，這個汽車修理師又得意洋洋地說：「今天，我用這個問題把所有的顧客都考了一下。」

「上當的人多嗎？」博士急著問。

「不少。」汽車修理師說：「但是，我早就知道你一定會上當。」

「為什麼？」博士詫異地問。

「因為你受的教育太高了，博士，光從這一點，我就可以知道你的腦袋打結，不會太聰明啦！」

人生充滿危機和變數，人不可能全知全能，出糗與上當是每個人都沒有辦法逃避的人生考驗，狡詐的人永遠會想盡辦法挖掘你的盲點，刺激你的缺陷，好讓你暴露出更多弱點，然後把你耍得團團轉。

擁有多少知識並不等於擁有多少才智，現實生中充滿著許許多多陷阱，勤於思考才是避免犯錯的最佳途徑。

不要太相信自己的學經歷，天才與蠢才的區隔，就是一個擁有大智慧，時常動腦思考，一個靠著小聰明而頻頻跌倒。

　　如果你常覺得自己懷才不遇，或者老是上當受騙，那麼你可
要重新評估自己的聰明才智囉！

　　太過自信的人，往往活在自我設限的框架中，讓原有的聰明
才智難以發揮。其實，成敗皆在你手中，真正成功的人不會迷失
在別人精心佈置的疑陣中，也更明白如何才能一鳴驚人，為自己
創造無人能取代的地位。

逆向思考，就能找到新方向

在現代人性叢林中，別只會在筆直的道路上行走，迷了路只會停在原地等待救援。

　　當事情陷入膠著狀態，你能不能適時運用自己的聰明機智，讓它朝著自己希望的方向發展？

　　所謂的機智，就是發現不同事物之間的相似之處，以及發現相似事物之間的差異。

　　機智對於人際之間的應對進退有著無窮妙用，面對那些惹人厭的小人，每個人都應該設法讓自己聰明一點。

　　美國有個店員，因為工資糾紛要和老闆打一場官司，於是請了一位很有名的律師幫他打這場官司。

　　不知道為什麼，店員與老闆的工資糾紛，演變到後來，竟然成了債務糾紛，不過雙方在這件事情上都沒有證據，都無法證明自己的清白。

　　這個店員非常擔心會輸了這場官司，即將宣判之時，他向律師提出一個想法，想送一份厚禮給法官。

　　律師一聽，連忙制止：「千萬別送禮，這時候送禮反而證明你心中有鬼，本來還有贏的機會，一旦送了禮，那麼你肯定要輸了。」

　　店員了解的點點頭，表示不會送禮。

　　但是，他回到家後，想了想律師的話，覺得裡面大有文章可做，於是他瞞著律師，仍然送了法官一份厚禮。

　　沒想到，不久之後法庭開庭判決，店員贏得了這場官司。

　　這個店員十分自豪地對律師說：「感謝您當初給我的指點，我還是送了一份厚禮給法官，不過在禮品的名片上，我寫上了老闆的名字。」

　　律師聽到後，目瞪口呆地一句話也說不出來。

　　店員因為送禮而打贏了官司，關鍵在於他有一顆靈活思考的腦袋。

　　當別人只用一條直線在思考，認為「送禮」是理虧的證明的時候，他卻能反向思考、逆向操作，尋找新的解決辦法，亦即假冒老闆的名義送禮，讓法官對老闆產生不良印象。

　　這個故事無疑告訴我們，在現代人性叢林中，別只會在筆直的道路上行走，迷了路只會停在原地等待救援。其實，你一點也不需等待別人的救援，因為，只要你肯花點腦筋，再多繞幾個彎，就能到達目的地了。

運用智慧搶奪別人的機會

在充滿競爭的社會中，除了能力要比別人強，
更要比別人懂得智謀的運用和機會的把握。

　　文藝復興時期的大藝術家達文西說：「鐵不用就會生鏽，水
不流就會發臭，人的智慧不用就會枯萎。」

　　確實如此，唯有懂得運用智慧的人，才可能激發高明的創意，
為自己創造出無可比擬的競爭力。

　　日本松下公司準備從新聘的三名員工中，選出一位來從事市
場行銷企劃工作。人事主管計劃於是讓他們來個職前「魔鬼訓
練」，並從中挑選出最適合的人選。這三個人被送到廣島去生活
一天，每個人身上只有一天二千日元的生活費用，最後誰剩下來
的錢最多，誰就是優勝者。

　　生活費已經夠少了，還要有錢能剩下，實在是件困難的事。

　　一罐烏龍茶的價格是三百元，一瓶可樂的價格是二百元，而
且最便宜的旅館一夜也要二千元。

　　也就是說，他們手裡的錢剛好能在旅館裡住一夜，但是這麼

一來，他們一天的錢也就沒有了。所以，他們要不就別睡覺，要不然就不吃飯，除非他們能在天黑之前，讓這些錢生出更多的錢。但是前提是，他們必須單獨生活，三個人不能相互合作，更不能幫人打工。

於是，三個人便開始各憑本事了。

第一位先生非常聰明，他用五百元買了一副墨鏡，用剩下的錢買了一把二手吉他，來到廣島最繁華的新幹線售票大廳外，扮起「盲人賣藝」來。半天下來，大琴盒裡已經裝了滿滿的鈔票了。

第二位先生也非常聰明，他花五百元做了一個大箱子，也放在繁華的廣場上，箱子上寫著：「將核子武器趕出地球，紀念廣島災難四十周年，為加快廣島建設大募捐」。然後，他用剩下的錢僱了兩個中學生，並在現場宣傳講演，不到中午，箱子也裝滿了一整箱的捐款了。

至於第三位先生，看起來好像是沒什麼頭腦的傢伙，也許他真的累了，所以他做的第一件事，就是找個小餐館，點了一杯清酒、一份生魚、一碗飯，好好地吃了一頓，一下子就花掉了一千五百元。接著，他找了一輛廢棄的汽車，在那裡好好地睡了一覺。

一天下來，第一位和第二位先生都對自己的聰明和不菲的收入暗自竊喜。可是，到了傍晚時，兩個人卻同時面臨了意料之外的厄運。

一名佩戴胸章和袖標、腰間配帶手槍的稽查人員出現在廣場上，他摘掉了「盲人」的眼鏡，摔爛了「盲人」的吉他，也撕破了募捐的箱子，在沒收了他們全部的「財產」後，還沒收了他們的身份證，揚言要以欺詐罪移送他們。

就這樣，一天結束了，當第一位先生和第二位先生設法借到

路費，狼狽不堪地返回松下公司時，已經比規定時間晚了一天了，而且更尷尬的是，那個「稽查人員」已經在公司恭候多時了！

原來，他就是那個在餐館裡吃飯，在汽車裡睡覺的第三個先生。他的投資，是用一百五十元做一個袖標、一枚胸章，花三百五十元，向拾荒老人買了一把舊玩具手槍，和化裝用的絡腮鬍子。

這時，公司的國際市場經銷部課長走了出來，對著站在那裡發呆的「盲人」和「募捐人」說：「企業要生存發展，想獲得豐厚的利潤，不僅要知道如何攻入市場，更重要的是，要懂得如何攻下敵方的整個市場。」

小人為了陷害別人，或是爭奪利益，往往會想盡各種辦法，並且變換各種身分，然後在關鍵時刻，誘使對方墜入他們設好的圈套。

現實社會就是這樣，戲法人人會變，巧妙各自不同。

在充滿競爭的社會中，除了能力要比別人強，更要比別人懂得智謀的運用和機會的把握。

也許，遭遇到層層阻礙和打擊之時，有人會質疑社會的現實、不公，但是，與其質問別人的投機，不如學習第三位先生的機智。

人的智慧和創意是沒有極限的，當大家都用相同的手段和方法時，只要你能比別人多動腦一分鐘，你就能把別人的機會搶過來，甚至還能為自己創造另一個獨一無二的機會。

面對挑釁，何必太認真？

若是你不希望讓周遭的小人煩擾生活，不希望
被無謂的事情擾亂心情，就讓看事情的視野多
一些角度吧。

看事情的角度有很多，面對別人的挑釁舉動，除了動氣之外，
你可以有不同的解釋和不同的面對態度，讓想使你出糗的人出糗。

只要發揮你的智慧，你希望事情怎麼進展，你就能看見期望
的結果！

在這個小人到處充斥的社會，其實，小人並不可怕，可怕的
是你不懂得善用他們對你有幫助的另一面，將他們變成自己生命
中的貴人。

美國自由派牧師亨利・沃德和他的姐姐，《湯姆叔叔的小屋》
的作者斯朵夫人，都是廢除奴隸運動的鼓吹者和參與者。

由於亨利・沃德經常在佈道時，揭露奴隸制度的罪惡，因此
經常遭到奴隸主人的辱罵和攻擊。

有一次，他收到了一封信，拆開一看，上面只寫了兩個字：
「白癡」。

佈道時，沃德談到了這件事，戲謔地說：「我常常收到寫完了信，卻忘了簽上自己名字的人，但是，居然有人只記得簽下自己的名字，卻忘了寫信，今天我倒是頭一次遇到。」

還有一次，沃德正在發表反對奴隸制度的演說時，台下突然傳出了一陣「喔喔喔」的雞鳴聲，這時會場一陣嘩然，沃德只好停止演講。

原來，台下的聽眾裡，有一些贊成奴隸制的主人，故意模仿雞叫的聲音，想干擾沃德的演講。

但是，沃德非常鎮定，臉上沒有一點惱怒的神情，只是從口袋裡慢慢地拿出懷錶，認真地看了一遍，又來回晃了幾下。

他這個舉動立刻吸引了台下的聽眾，會場頓時又安靜了下來。

於是，他滿臉認真地對聽眾說：「太奇怪了，我的懷錶還好好的，沒有任何毛病啊！可是懷錶的時針卻指著十點鐘，我很肯定現在應該是清晨才對，因為下面那些雞在叫喊，絕對是出自於動物的本能！」

在這個人心叵測的時代，做人做事要多一點心眼，面對不懷好意的對手，更要懂活用自己的腦袋化解窘境。

當沃德的處理方法讓人會心一笑時，我們同時也發現，對事物的解釋方式原來比事物本身更重要，一切端看我們面對事情抱持什麼樣的態度，以及如何設定解釋的角度。

思考應該是寬闊的、深刻的，若是你不希望讓周遭的小人煩擾生活，不希望被無謂的事情擾亂心情，就讓看事情的視野多一些角度吧。

讓小人自己去傷腦筋

活用你的腦袋吧！方法和生機全在你的大腦
裡，只要動一動腦，你就能發現另外的一片天
地。

希臘哲聖蘇格拉底曾經語重心長地這麼說：「不經思考、反
省的人生，是不值得活下去的。」

在人生的各項競爭中，是否具備聰明才智，往往是決定勝負
的關鍵。

因此，平常就得經常鍛鍊自己的腦力，讓才智像太陽一樣發
光，如此它才可能成為你克敵致勝的秘密武器。

這是一個腦力競賽的時代，當你遇到人生中的困境和危機之
時，往往就是測試自己生命價值的關鍵時刻。

古希臘時代，有位國王為了彰顯他的「仁慈」，特地允許囚
犯自行選擇死亡的方式，方法有二，一是砍頭，二是絞刑。

但是，國王讓囚犯選擇死亡的方法卻很可笑，他要求囚犯在
臨死前，隨便說一句話，並由他當場檢驗這句話的真假，倘若囚
犯說的是真話，便處以絞刑，說假話就要被砍頭。於是，臨刑前，

每個說真話的囚犯一一上了絞刑台，說假話的囚犯則一個個人頭落地。

有一天，國王的衛士把一個名叫布爾的囚犯帶到了刑場，讓他和其他囚犯一樣，先說一句話來斷定真偽之後，再決定行刑的方式。

這時，只聽見聰明的布爾說：「國王陛下，您會將我砍頭！」

國王聽了之後，不禁大傷腦筋，想了半天也想不出話中的真假。如果布爾說的這句話算真話，那麼就得處以絞刑；但是若處以絞刑，那麼這句話就會變成了假話。

同樣的，如果這句話算假話，那麼就得將他砍頭，但是，要真砍頭的話，這話便又成了真話。

只見國王搔得頭髮都亂了，仍然想不出結果來，最後他只好宣佈將布爾放走，赦免了他的死刑。

在「你不詐人，人必詐你」的人性戰場上，我們的身邊充斥著噬人害人的小人，如果你不懂得把心機發揮在可以勝出的地方，那麼你永遠都只是這場戰役中的輸家，被小人玩弄於股掌之中。

不能以武力征服的，靠智慧每每制勝，如果你不能識破小人正的「搞詭」伎倆，不能用智慧化解，就會淪為任人宰割的「蠢蛋」。

聰明的布爾，利用邏輯中的矛盾，才得以僥倖免於一死，如果他只會呼天搶地的喊「大人冤枉」的話，下場當然是死路一條。

日常生活之中也是如此，當你不小心被小人逼進了死胡同裡，你是在那裡拼命地繞圈圈、鑽牛角尖，還是坐以待斃等著死期的

到來，或者是設法絞盡腦汁將問題丟還給對方，讓他自己去傷腦筋呢？

文藝復興時期的大藝術家達文西說：「鐵不用就會生鏽，水不流就會發臭，人的智慧不用就會枯萎。」

確實如此，唯有懂得運用智慧的人，才可能激發高明的創意，為自己創造出無可比擬的競爭力。

活用你的腦袋吧！方法和生機全在你的大腦裡，只要動一動腦，你就能發現另外的一片天地。

別當漲紅了臉的驢子

> 許多害怕技不如人的人，常會以嘲笑他人來掩飾自己的不足，殊不知當他嘲笑別人之時，也正嘲笑了自己。

缺乏才智的人最喜歡做嘲笑別人的事，蘇東坡就認為「笑人者可笑」，這是因為才智不足的人，只會用嘲笑的方法面對高手，或者一味虛張聲勢，卻怎麼也不敢與高手過招。

面對這樣的人，不要讓對方的敵意左右自己的意志，何妨以對方的邏輯加以回敬，讓他好好認清自己的嘴臉。

如果你懂得發揮創意，許多看似難堪的場面都會變得對自己有利。

德國著名的詩人海涅是猶太人，有一段時間，他常常因為種族問題，而在公共場合中被一些無聊的人士侮辱和攻擊。但是，海涅總是憑著機智、幽默，輕鬆地應付過去，把尷尬留給對方。

有一天，在一個晚會上，有個不懷好意的傢伙又想找碴，便故意趨前對海涅說：「我發現了一個小島，奇怪的是，這個島上竟然沒有猶太人和驢子哩！」

海涅看了他一眼，並沒有因為對方的侮辱而動氣，只是不急
不徐地回答說：「喔？照這樣看來，只有你跟我一起到那個島上，
才能彌補這個缺陷吧！」

在場賓客聽了這番妙答，不禁哄堂大笑，那個想要羞辱海涅
的人，瞬間成了一頭漲紅臉的「驢子」。

想要提昇自己的處世競爭力，做人做事不一定要八面玲瓏，
但是，一定要講究策略和技巧，幽默的談吐和適時的機智不只可
以替自己解圍，同時也可以是和別人輕鬆溝通的工具。

當批評別人多過於反省自己，當審視事情的深層意義少於表
面偏見，你的表現只會讓人覺得一無是處。

古人有云：「莫笑人短，莫恃己長」，一旦你刻意去嘲笑別
人的缺點時，聰明的人早已看出你究竟是什麼貨色了。

日常生活中，許多害怕技不如人的人，常會以嘲笑他人來掩
飾自己的不足，殊不知當他嘲笑別人之時，也正嘲笑了自己。

用幽默來感化解尷尬

生活中時常需要機智與幽默，讓自己在遇上瓶
頸或跌倒時，有個台階下，並且找一個能讓自
己帶著微笑，重新來過的新開始！

想化解尷尬，就先培養你的幽默感。

有時候，帶點自我嘲諷的意味，更能一針見血的指出問題所
在，又因爲有幽默感的裝飾，不僅能化解尷尬，還能化險爲夷。

俄國著名的寓言故事家克雷洛夫，雖然號稱著作等身，但生
活卻非常貧困，平時衣衫襤褸，而且常常因爲付不起房租，每隔
一段時間就會被房東掃地出門。

一天，克雷洛夫又找到了一間新房子，但是這個房東看了他
的窮酸模樣，擔心他會把房子的設備破壞，便在房契上加了一項
但書：「如果租用者不小心引起火災，燒了房子，必須賠償一萬
五千盧布。」

克雷洛夫看了這條很不合理的條款，不但不生氣，反而拿起
筆，大方地在一萬五千後面，再加了兩個「○」。

房東瞪大了眼，驚喜道：「哎呀，一百五十萬盧布？」他以

爲自己有眼無珠，遇到了一位大富翁還不自知。

怎知，克雷洛夫卻急不徐地告訴他說：「是的，反正不管多少，我都一樣賠不起，何不大方一點？」

房東聽到後，呆了半天都說不出話，最後只好取消這項但書。

該諧幽默的應對方式就是彼此互動最好的潤滑劑。也就是說，當你遇到自己不感興趣的問題，不知道該跟對方說什麼，或是不想跟對方糾纏不清的時候，就越必須用極出色的幽默感與對方溝通。

雖然克雷洛夫的說法有點無賴，但是當他用這種方式化解房東的無理要求時，卻也不禁令人莞爾。

他以嘲弄自己的幽默感，來處理房東的無理要求，不只一針見血地指出了對方的無理，也誠實地說出了自己的窘境。

生活中時常需要這樣的機智與幽默，讓自己在遇上瓶頸或跌倒時，有個台階下，並且找一個能讓自己帶著微笑，重新來過的新開始！

找個方法宣洩你的情緒

情緒一被撩撥上來，如果沒有適當的方式，不僅很容易傷及他人，也會讓自己積累了更多的怨氣。

遇到心情不好的時候，有人會打沙包，也有人會打小人偶，而大聲哭泣則是最常使用的方法。

你是怎麼發洩你的情緒的？相信你一定有自己的方法，只要不是直接面對人，一股腦地把情緒倒在對方的身上就好。

有一天，陸軍部長斯坦頓向林肯總統抱怨，有一個將軍很愛罵人，而且老愛說粗話。林肯聽完後，建議斯坦頓寫封比將軍更尖酸、粗鄙的信，還教他一定要「狠狠地罵他一頓」。

斯坦頓回去後，立刻寫了一封措辭相當刻薄、強烈的辱罵信，然後興沖沖地拿給總統看。

「對！對！」林肯看了，贊許地說：「就是要這樣，好好把罵他一頓，你寫得真好，斯坦頓。」

有了總統的贊許，斯坦頓感到非常得意，立刻摺好信，準備放進信封，但這時林肯卻攔住了他。

林肯問：「這封信你打算怎麼處理？」

斯坦頓訝異地說：「當然是寄出去啊！」

林肯大聲說：「等等，這封信不要寄出去，你把它丟進爐子裡吧！只要是生氣時寫的信，我都會這樣處理。相信當你痛快地寫著這封信時，心裡的怒氣也已經消了吧！現在感覺有沒有好多了呢？這時候，你不妨把它燒掉，另外再寫一封吧！」

小人的行徑當然讓人惱火，但與其氣得七竅生煙，倒不如換個角度，把他們轉化成激勵自己不斷精進的正面能量，把他們的刁難當成磨練。

每個人都有情緒，也都會有必須發洩的怨氣，有時候並不是為了指責什麼人，通常只是為了「發洩」而已。

只是，情緒一被撩撥上來，如果沒有適當的方式，不僅很容易傷及他人，也會讓自己積累了更多的怨氣。

於是，你得找個不傷人又能平息心中怒氣的方法，像林肯的書寫方式，打沙包、打小人偶，或是用力地吶喊，只要將情緒渲洩出來，你又會有另一個新的開始。何必和那些尖酸刻薄的小人一般見識呢？

盲目的人當然看不清事實

> 總是些握有權柄的人，不但控制、壓榨底下盲
> 目的人，還讓人為他們的勝利及利益喝采、為
> 他們的損失痛哭！

■ ■ ■

　　我們常見到，許多人會陷入一種莫名的崇拜情境之中，對特
定人士的言行死心塌地的盲目遵從；在詐騙犯罪案件中也不難見
到，有些受害者最後竟然搖身一變，成了為虎作倀的加害者。

　　這樣的案例在社會上屢見不鮮，多數人都是迷失在主事者刻
意營造的氛圍中，而看不清現實的一切。

　　從前有個叫馬拯的讀書人，愛好遊歷山水。這一天，他來到
五岳之一的南岳衡山，玩得忘了時間。忽然，他看到前面大樹上
搭著一個窩棚，上面一個獵人正朝他示意。

　　獵人說：「這裡老虎很多，十分危險，你一個人不要再亂走
了，就在我這裡過一夜吧。」馬拯聽了，連忙道謝。

　　半夜裡，馬拯從睡夢中醒來，忽然聽見樹下唧唧喳喳有許多
人在講話，聲音越來越近。不久，前面走來一大群人，有男有女，
有老有少，總共有幾十人。這些人走到馬拯和獵人棲身的大樹近

旁時，忽然走在前面的那人發現了陷阱，十分生氣地叫起來：「你們看！是誰在這裡暗設了機關陷阱，想謀害我們大王！眞是太可惡了！是誰竟敢如此大膽！」

說著，這人和另外兩個人一起將獵人設在陷阱上的機關給拆卸下來，然後才前呼後擁地走過去了。

待這夥人走後，馬拯趕緊叫醒獵人，把剛才的一幕告訴了獵人。獵人說：「那些傢伙叫做倀，原本都是被老虎吃掉的人，可是他們變作倀鬼後，反而死心塌地爲老虎服務，晚間老虎出來之前，他們便替老虎開路。」

馬拯非常驚訝，連說：「眞有此事？」

獵人敏捷地從樹上下來，把陷阱上的機關重新架好，才剛登上大樹，就聽得一陣狂叫，一隻兇猛的老虎從山上直竄過來，一下撲到陷阱的機關上；「咻」的一聲，一支弩箭彈出，正中老虎心窩。只見老虎狂暴地跳起，大聲吼叫，掙扎了一陣，倒在地上死了。

老虎巨大的哀叫聲，驚動了走遠的倀鬼們，他們紛紛跑回來，趴在胸口還流著血的死老虎身上大哭起來，邊哭還邊傷心地哀號著：「是誰殺死了我們大王呀！是誰殺死了我們大王呀！」

馬拯在樹上聽得清楚，不由得大怒，厲聲罵道：「你們這些倀鬼！自己是怎麼做的鬼，竟然一點都不知道，你們原本就是死在老虎嘴裡，至今仍執迷不悟，還爲老虎痛哭！眞令人氣憤！」

被老虎咬死的人，死後還成了老虎的屬下，不但稱那咬死他們的老虎爲「大王」，而且竟然還死心塌地爲老虎開路，爲死去

的老虎痛哭。天底下有這種事？這還有天理嗎？馬拯的憤怒，我們不難想像。

然而，在這個世界上，像老虎那樣的人還真不少，「爲虎作倀」的人當然也不在少數，絕對不是少見的一兩個案例而已。

爲什麼會這樣呢？或許，是因爲所謂的「老虎」總是些握有權柄的人，他們或者擺出慈眉善目的樣子，或者有著一副道貌岸然的身段，不但控制、利用底下盲目的人，將這些人辛苦的勞力成果給吸乾，還以高超的思想宣傳手段，讓人以他們的利益爲利益，爲他們的勝利鼓掌，爲他們的損失痛哭！

醒醒吧！用清楚的腦袋想想，從客觀的角度來看待：自己真的要做這些「老虎」的倀鬼嗎？

PART 9

如何擺脫小人的糾纏？

日常生活中，每個人或多或少都有
不能避免的人情壓力和煩人瑣事，
為了擺脫糾纏，不動動腦袋想計謀是不行的。

真誠待人，才能贏得人心

只要能用心處事、真誠待人，就一定能贏得人心，成功地贏得對方的尊敬和信任。

通常我們都認為自己很了解自己，也頗能洞穿別人，但實際上，我們經常誤解自己，對於別人的認知也僅止於皮毛。正因為如此，必須與別人互動之時更加用心，才能贏得真心。

愈是睿智的人，愈有寬容的胸襟，一個寬宏大量的人，愛心往往多於怨恨，樂觀、忍讓的圓融個性，讓他成為一個真正聰明有智慧的人。

美國經濟蕭條期間，美國官方委派哈里‧霍普金斯，負責聯邦政府的救急署，而里德‧伊克斯，則負責聯邦政府的公共工程管理局。

但是，為了職責分工的問題，霍普金斯和伊克斯一開始就發生了衝突。

有一次，伊克斯向羅斯福抱怨，霍普金斯的動作太過緩慢，使他無法順利工作，不過，羅斯福卻要求伊克斯不要再耍脾氣了。

　　「我當時毫不客氣地頂了回去，」伊克斯在日記中回憶說：
「那晚我說了許多話，因爲是羅斯福總統，所以我才能如此發言，
如果換成現在的其他總統，我恐怕就沒這麼大膽了。」

　　不久，羅斯福在全體內閣會議上，當眾告誡伊克斯，千萬不
要再講霍普金斯和救急署的壞話。

　　「很明顯的，總統是有意要當著全體內閣成員的面，狠狠地
教訓我一下。」伊克斯悲嘆地說。

　　在內閣會議以後，伊克斯想單獨見見羅斯福，但是卻被勞工
部長搶先一步，還把總統這次行程裡，預留溝通的時間都用光了。
伊克斯怒氣沖沖地回到自己的辦公室，坐下來打了一份辭職信給
羅斯福總統。

　　第二天中午，當伊克斯前去面見羅斯福總統時，總統用責備
的眼神望著他，並給了他一個手寫的備忘錄。

　　「親愛的哈羅德……」在友好的稱呼之後，總統寫下了不同
意他辭職的理由：「我對你充滿信心，爲完成公共事業的巨大任
務，國家非你不可，你的辭職我絕不接受。你親愛的朋友，富蘭
克林·羅斯福。」

　　接到這樣的備忘錄，伊克斯的火氣完全消了，他說：「能遇
到待人眞誠而且值得信任的總統，實在沒有話可說！所以，我當
然願意留下來了。」

　　二十世紀最偉大的科學家愛因斯坦曾說：「寬容意味著尊重
別人的無論哪種可能存在的信念。」

　　很多人喜歡爭強鬥勝，爲了炫耀自己比別人強那麼一點點，

總是搶著出鋒頭，一旦被別人比下去，就鬧彆扭、生悶氣。

其實，社會是個大染缸，人生是個修煉場，人應該變得更圓融、更成熟、更幹練，不斷地調整自己面對人生的態度，何苦老是為了生活中的芝麻細事跟別人過意不去，跟別人糾纏不休呢？

只要能用心處事、真誠待人，就一定能贏得人心。

羅斯福之所以會當眾責難伊克斯，其實只是要磨礪他的性情而已，因為他知道伊克斯的為人，也知道他的個性直率，更明白伊克斯是個難得的人才，所以他運用了「知才惜才」的用人智慧，成功地贏得對方的尊敬和信任。

藉機說出「言外之意」

懂得藉機說出「言外之意，弦外之音」，正是
我們在社交時，非常需要學習的風範和技巧。

古希臘哲學家亞里斯多德曾說：「要說發脾氣，誰都會，這
並不困難，難的是當你發脾氣的時候，懂得如何掌握分寸，懂得
採取適當的方式，最重要的是懂得用機智來代替憤怒。」

的確，一個只爲生氣而生氣的人在盛怒之下，嘴裡的那條舌
頭就像一匹脫韁的瘋馬，而一個眞正有智慧的人，在盛怒之下，
則會用自己的機智去駕馭那條可能變成瘋馬的舌頭。

某次午宴上，有位女士與柯立芝總統十分器重的大使，爲了
一件小事展開了一場唇槍舌劍的言詞交鋒。

這個女士越說越氣憤，爲了壓倒對方，便故意貶低對方，說
他粗野而無知，正巧這時有一隻大黑貓懶洋洋地來到餐桌旁，靠
著桌腿蹭起癢來了。

柯立芝總統這時巧妙地轉過身，對身邊的人說：「唉，這隻
貓已經是第三次來這裡搗亂了。」

　　總統故意把這句話說得很大聲，正是為了讓那位「凶悍」的女士聽見，只見她馬上安靜了下來，之後就再也沒有聽到她的聒噪聲了。

　　一向彬彬有禮的柯立芝總統，會在這樣的社交場合中，突然大聲指責一隻貓，「指桑罵槐」的用意，在場人員自然都心照不宣。

　　這正是我們所謂的「話中有話」，能夠巧妙地對這個女士的無聊爭執做出抗議，卻又不會因為直接出言制止而影響宴會的氣氛，可說是一舉數得，方法絕妙。

　　這樣的機智，是許多人際關係良好的成功人士常發揮的，當別人正吵得不可開交時，他們往往會天外飛來一筆，而且效果非凡，避免了直指對方不是的尷尬，又能讓對方充滿了解其中的含義。懂得藉機說出「言外之意，弦外之音」，正是我們在社交時，非常需要學習的風範和技巧。

如何擺脫小人的糾纏？

日常生活中，每個人或多或少都有不能避免的
人情壓力和煩人瑣事，為了擺脫糾纏，不動動
腦袋想計謀是不行的。

維吾爾族有句諺語說：「有駱駝大的身體，不如有鈕釦大的
智慧。」

這句話告訴我們，沒有智慧的蠻力，根本毫無價值可言，換
言之，只要你懂得運用智慧，那麼你將會恍然發現，有時候，看
不見的「智力」要比看得見的「武力」更可以發揮料想不到的作
用。

有一天，林肯總統因生病住進了醫院，但仍然有不少人為了
求得一官半職，來到他的病床前不停地嘮叨。雖然他們把林肯和
醫生都煩得心情很差，但是礙於禮儀，又不便硬將他們轟走。

又有一次，一個令人討厭的傢伙正要坐下來跟總統長談一番
時，醫生剛好走了進來。林肯於是伸出雙手問道：「醫生，我手
上這些疙瘩是怎麼回事？」

醫生說：「這是假天花吧！不過也可能是輕度天花。」

林肯問道：「那麼，我全身都長滿了這些東西，這種病會傳染吧？」

醫生說：「是，傳染性確實很強。」

這時候，坐在一旁的客人，立刻站了起來，大聲說：「哦，總統先生，我只是順道來探望您，希望您早日康復，我有事要先走了。」

「啊，別急著走嘛，先生！」林肯開心地說。

客人趕緊說：「以後有空我會再來拜訪的，以後再來……」一邊說，一邊急忙地往門外跑出去。

等那個人走遠，林肯這才高興地說：「現在，我終於有時間，看看那些客人送的好東西了。」

這是非常有趣的小故事，充分表現了林肯總統的機智，以及他和幕僚人員之間的默契。

日常生活中，每個人或多或少都有不能避免的人情壓力和煩人瑣事，為了擺脫糾纏，不動動腦袋想計謀是不行的。

我們時常為了這些小事而困擾不已，在衡量面子、身份，或怕得罪別人之餘，常常必須按捺著情緒接受對方的疲勞轟炸，然後再找機會發洩或抱怨。

不過，一味隱忍，事情永遠也無法解決，而你永遠也只能抱怨。學學林肯總統應付小人的智慧吧！

動動你的大腦，每一件事都會有他的解決方法和技巧，只要你多動動腦筋，一定會想出兩全其美的好方法。

幽默感能把大事化小

> 學會以幽默的態度面對事情，大事往往能化作
> 小事，用幽默來解決事情，再尷尬的場面也能
> 變得輕鬆自在。

希爾泰說：「動不動就生氣的人，只會突顯他無法駕馭自己的幼稚。」

因為，一個成熟有智慧的人，並不會動不動就用生氣來解決問題，而是會用機智來代替生氣的幼稚行為。

柯立芝總統擔任麻薩諸塞州參議員時，有一次，一位健談的議員發言表示支持某項議案，發言時，在每句話的開頭，他都會重複說一句：「議長先生，話是這麼說的……」

當這位議員報告完後，反對這項議案的柯立芝馬上站起來說：「發言人先生，話不是這麼說的……」

登時全場哄然大笑，而那項議案也因此被否決了。

還有一次，有兩個議員為了某件事情，爭得面紅耳赤。

其中一位議員咒罵對方「該下地獄」，而挨罵的那位議員則是火冒三丈，拉著柯立芝要幫他主持公道。

　　只見柯立芝不慌不忙地說：「議員先生，您不必著急，我已經查過法典，您還用不著為此到地獄走一趟。」

　　柯立芝說完了這句話，議場緊張的氣氛便緩和下來了。

　　歐洲有句諺語說：「生氣的時候，去踢石頭，疼的只是自己。」

　　一個真正有智慧的人，生氣憤怒的時候，並不會蠢到用自己的腳去踢石頭，而會用幽默的方式表達自己的觀感。

　　機智幽默可以說是人們在社交場上所穿的最漂亮的服飾，尤其是你出糗或遭到言語攻擊，適時的機智絕對可以化解尷尬或對立的氣氛。

　　一句幽默的話，勝過長篇大論，如何運用幽默感來化解生活的難題，相信是許多人必須學習的課程。

　　學會以幽默的態度面對事情，大事往往能化作小事，用幽默來解決事情，再尷尬的場面也能變得輕鬆自在。

心平氣和才是對付小人的法則

> 若能以推理分析來回應，定能讓對手的荒謬論調不攻自破，而且更能得到別人的讚賞與欽佩！

　　我們都很習慣用憤怒處理事情，用情緒來駁斥別人說我們的不是，殊不知許多時候，因為過度激昂的情緒，反而容易模糊了事情的焦點，也更加容易讓別人忽略應當知道的事實。

　　不如學學契斯特‧朗寧的機智加以還擊吧！

　　加拿大前外交官契斯特‧朗寧是個在中國出生，而父母都是美國人的傳教士。朗寧出生時，因為母親無法餵哺，所以便請了一位中國奶媽餵養他。

　　但是，沒想到在他三十歲競選議員時，這段往事竟被對手做為攻擊、誹謗的話題。他們批評的理由，正是朗寧曾經喝過中國人的母奶長大，身上一定有中國血統的謬論。

　　面對對手的惡意攻擊，朗寧也不甘示弱，隨即根據誹謗者的荒謬邏輯，嚴厲地加以駁斥。

　　他說：「如果喝什麼奶，就形成什麼血統的話，那麼你們誰

沒喝過加拿大的牛奶？難道在你們身上就有了加拿大牛的血統嗎？
當然，你們可能既喝過加拿大的人乳，也喝過加拿大的牛奶，那麼
在你們身上，不就有加拿大人的血統，又有加拿大牛的血統了嗎？
如此推論的話，你們豈不是『人牛血統的混血兒』了。」

　　日本作家櫻井秀勳曾經這麼說：「不管是什麼形式的批評，
最好都要以機智幽默的方式進行。」

　　如果不懂得用機智幽默的方式化解衝突，那麼生活就是由摩
擦和痛苦串連而成，如果能夠用輕鬆幽默的心態面對，那麼人生
就會精采豐富。

　　在任何荒謬的論點，都有可能被編造出來的人際社會裡，要
攻破這些謬論，除了要有冷靜理智的思考方式，更要有攻破敵手
論點的機智。

　　若能以推理分析來回應，定能讓對手的荒謬論調不攻自破，
而且更能得到別人的讚賞與欽佩！

適可而止，才是正確的溝通方式

不要強人所難，並且抱著將心比心的包容和尊重，那麼誤會與衝突，也都不會發生了。

羅馬思想家西塞羅曾經寫道：「幽默會給人帶來歡樂，而且，常常可以產生巨大的作用。」

的確，幽默不僅能令人開懷，而且還常有潤滑的妙用，可以讓你跟別人交際的過程中增添光彩。

羅斯福總統在擔任紐約州長期間，喜歡在酒宴時喝些調酒，還特別喜歡勸身邊的人多喝酒，每當他看到別人的杯子空了，就會馬上說：「再來一杯吧！」

在一次宴會上，他熱情地為最高法院的法官塞姆・羅斯曼加滿了第二杯酒，但是羅斯曼並不會喝酒，當他喝完第一杯雞尾酒時，就已經有點不大舒服了，因此，他趁其他人不注意的時候，把這第二杯酒偷偷地倒進角落的花盆裡去了。

不久，又有一場雞尾酒會，酒會中羅斯福故意對羅斯曼說：「塞姆，你知道嗎？行政大廈裡的花發生了怪現象，前幾天，有

一棵盆栽的葉子開始變色，他們請來農業部的專家，把花和土壤都帶回去研究，檢驗出來之後，你猜他們發現什麼？他們發現土壤裡含有很高的酒精成份。問題是，這些土壤是從什麼地方挖來的呢？」

這時在場的人都笑了起來，羅斯曼也不好意思地笑著承認，是自己偷偷將酒倒入了那個花盆中。

接著，他對羅斯福說：「州長，如果你不想讓你的花全都遭殃，最好饒了我，別再給我第二杯酒。」

從此，羅斯福再也不勉強羅斯曼喝第二杯酒了。

沒有責難和爭辯，羅斯福總統與羅斯曼的互動裡，有著他們獨特的溝通方法，充滿著難得的風趣和幽默。

我們很容易強人所難，也很習慣用情緒來解決事情，其實，與人溝通的正確方式是，凡事適可而止。

不要強人所難，儘量找出問題的原因，並且抱著將心比心的包容和尊重，那麼誤會與衝突，也都不會發生了。

贏回自己應有的尊嚴

人與人相處之道，貴在誠心敬意，懂得如何互
相尊重，你才有可能得到別人的敬重。

做事的時候必須用對方法，才能讓效果達到最大。如果你在
事業、工作或生活上遇到瓶頸，那麼就必須冷靜想出解決的辦法。

冷靜是突破困境的最高智慧，可以讓自己頭腦清醒，不至於
進退失據、患得患失；看看以下這個真實故事，或許對你有所幫
助。

儘管羅斯福總統很了解英國人，也很喜歡與英國人為友，但
是，他仍然受不了英國官員所流露出來的傲慢態度。

有一天，財政部長亨利‧摩根索，拿了一封英國財政大臣的
信給羅斯福看，他卻發現，對方在信封上沒有加上任何官銜的稱
呼，而且很不禮貌地直呼部長之名：「亨利‧摩根索先生」。

摩根索沒有留意到這一點，他只注意到信裡的內容，但羅斯
福卻一眼就看到了，也看出了英國人所顯露出來的傲慢。

當摩根索另外拿出一封他準備回覆的信件時，羅斯福看了看

　　說：「這封信的內容，寫得不錯，但你犯了一個錯誤。」

　　摩根索慌張地問：「犯了什麼錯誤？」

　　羅斯福說：「在稱呼上，你應該直呼他的姓名，這樣才能與那封信的稱呼一致，所以，你千萬不要在稱謂上再加任何官銜。」

　　羅斯福這招果然厲害，英國財政大臣的第二封來信中，就規規矩矩地加上了美國財政部長的官銜。

　　羅斯福以其人之道，還治其人之身，給了傲慢的英國大臣一個教訓，也為自己贏回應有的尊嚴和敬重。

　　人與人相處之道，貴在誠心敬意、互敬互讓，懂得如何互相尊重，你才有可能得到別人的敬重。

　　雖然只是一個小小的官銜稱謂，但在細微處所應當表現出來的禮儀，卻比面對面的尊重更重要。

　　這是我們必須留意，也是許多人容易忽略的小細節，而且，往往因為這個小疏忽，而讓你莫名地得罪別人，或是失去大好機會。

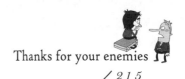

真心誠意就能改變別人的心意

只要你能腳踏實地的付出，只要能用真心誠意
的態度來實踐，再難攻破的堅石，也都一定能
滴水穿石。

俄國文豪高爾基曾經寫道：「真誠的關心，讓人心裡那股高
興勁兒就跟清晨的小鳥迎著春天的朝陽一樣。」

出自真心的幫助，不僅能藉善意的動作潤滑自己的人際關係，
也會讓自己的心靈世界豐富起來。

日本著名的政治家三木武吉，是一個非常具有雄心的人，二
次世界大戰後，他不僅建立保守政黨，還組成了鳩山內閣。

在經濟上，三木武吉也十分地自信，甚至誇口將以三木公司，
與日本財經巨頭三井、三菱鼎足而立。

但是，他卻徒有抱負，而缺乏經商的頭腦，不久，三木公司
就因為屢遭詐騙，而負債累累了。

在進退兩難的時候，三木武吉狗急跳牆，不得不耍起手段欺
騙別人，試圖以此挽回敗局。

不過，他的騙局，很快就被對方識破了，而受騙的松太郎，

一氣之下決定向法院提起告訴。但是，身爲政治家的三木武吉，如果被法院以詐欺罪起訴，不但會毀掉他苦心經營的政治前途，也會因爲坐牢而使自己的人生蒙上無法抹滅的污點。就在三木走投無路的時候，有位一直默默關心他的女人救了他。她暗中拜訪松太郎，希望他能網開一面，又以其女性特有的柔軟力量，希望他諒解三木的苦衷，請求松太郎能給三木一條生路。

但是，由於松太郎受害很深，無論如何也不願退讓，所以這個女人想盡方法，也無法打動松太郎的心。

突然，這位女子當著松太郎的面，拿起剪刀，剪下了自己的一頭秀髮，這個舉動終於打動了松太郎，同意撤回訴訟。

故事裡的三木武吉可說非常幸運，靠著那位女子相助，終於避免了一場牢獄災難。這個女子是三木武吉的貴人，她以誠意和犧牲來感動松太郎的精神，著實讓人感動，與三木武吉的不踏實，試圖以欺騙別人解救自己的行爲，更是形成了強烈對比。

這個故事給我們的啓示，只要你能腳踏實地的付出，只要能用眞心誠意的態度來實踐，再難攻破的堅石，也都一定能滴水穿石。

天底下沒有融化不了的冰山，世界上也沒有絕對不能和睦相處人，只要懂得設身處地爲對方著想，眞心誠意地對待他們，就一定能換來正面的回報。

太容易感動，只會被愚弄

> 我們認為最不可能背叛自己的那些感情、記憶，其實最常跟我們開玩笑，我們也最容易被它們愚弄。

我們常常聽人說，真誠的感情是千金難換的高尚付出，真正的眼淚是比鑽石更珍貴的寶物。

確實，一個人願意在這充滿了猜忌、疑懼、爾虞我詐的世間，付出真實不造假的感情，是一件美妙而可貴的事。

然而，我們卻不得不注意，很多時候，即使是這樣真誠的情緒，卻也是其他人能夠任意地加以控制的呢！

有個燕國人雖在燕國出生，卻是在楚國長大，其間不曾回過家鄉。

到了花甲之年的燕人，因為思鄉心切，不顧年事已高，決定不辭勞苦，千里迢迢去尋訪故里。

燕國人收拾了一下自己的行李，就出發了。走了一會兒，就聽到身邊有人對自己打招呼說：「請問，您這是去哪裡啊？」

燕國人回答道：「我要回我的老家燕國去。我幾十年都沒有

回去過。」

　　那人聽了，喜形於色，連忙說：「喔，是嗎？我家也住在燕國，我們不妨結伴而行。」

　　燕國人非常高興，心想到自己畢竟已經幾十年沒回燕國了，正好這個人對燕國非常熟悉，結伴而行也正好有個照應，所以馬上就答應了他。

　　兩個人一路上談天說地，不知不覺間來到了晉國的地界。

　　就在這個時候，同伴見兩個人在路上走得有些無聊，竟然想跟這個燕國人開個玩笑。於是，他指著前面的晉國城郭說道：「你馬上就要到家了，前面就是燕國的城鎮。」

　　這燕人聽到這就是燕國的城市，想到自己已經離開了客居他鄉幾十年，終於在今天又回到了自己的土地上，一股濃厚的鄉情驟然湧上心頭。他一時激動得說不出話來，兩眼被淚水模糊了。

　　過了一會，同伴信手指著路邊的一間土地公廟，煞有其事地說：「這就是你家鄉的土地公廟。」

　　燕人聽了以後，不由得大為感慨，連聲嘆息，還說：「我以後就可以來祭拜自己的神社了！」說完，鼻子一酸，眼淚就止不住嘩嘩地流下來。

　　他們再往前走，那同伴又胡亂指著路邊的一棟房屋說：「這裡就是你的先人曾住過的房屋。」

　　燕人聽了這話，眼前似乎出現了父母、祖輩在這裡生活的場景，頓時熱淚盈眶，滾滾的淚水把他的衣衫也弄濕了。

　　那同伴看到自己的連篇謊話，燕國人竟信以為真，心中萬分得意，這時路邊正好有一座墳墓，就指著墳墓說：「這就是你家的祖墳。」

　　燕人的心情還沒有平靜下來，又聽同路人這麼一說，更是悲從中來，再也禁不住強烈的心酸，一個勁地放聲痛哭起來。

　　那同伴見他這副模樣，也總算看夠了笑話，忍不住滿腹的暢快，哈哈大笑起來，旋即便坦白說：「算了，算了，別把身子哭壞了，我剛才是騙你的，這裡只是晉國，離燕國還有幾百里地呢。」

　　聽見同伴這麼說，燕國人知道自己上了當，心裡非常不高興。但是，他想到自己對家鄉一點也不了解，竟然把晉國當成了燕國，把別人家的祖墳當成了自己家的祖墳，心中十分慚愧。

　　他們又繼續往前走，也終於到達了燕國。

　　可是，當他真正到了燕國的時候，燕國的城鎮和祠廟，先輩的房屋和墳墓，已不像他在晉國見到的那樣具有感召力。此刻的他，雖然回到了自己的家鄉，但觸景生情的傷感卻不見了。

　　或許，你會嘲笑這個燕國人未免太愚蠢，怎麼連自己的故鄉、故居、祖墳都還沒弄清楚，就迫不及待哭得那麼傷心？

　　而當他真正地回到自己的故國、自己的老家時，他那思念與悲傷的情緒卻已經不如從前？

　　是他太傻嗎？或是他對老家的感情，其實只是心理作用，並不如他所想像的那麼真切呢？

　　也許，兩者都有吧！現實生活中，類似的例子屢見不鮮，我們認為最不可能背叛自己的那些感情、記憶，其實最常跟我們開玩笑，我們也最容易被它們愚弄，許多別有居心的人更懂得利用它們來影響我們的決定，所以我們一定要謹慎小心了！

　　人的情緒與情感其實是非常容易被控制、被左右的，一旦我

們情感上的弱點被人摸透，那麼別人要我們哭，我們就會哭，別人要我們笑，我們就會笑，就像故事中的這位燕國人一樣。

千萬要小心，透過情感來操控別人的行動，對熟諳騙術的人來說，可是再簡單也不過的事。

太容易感動，只會被愚弄。當我們還沒有認清事情的真相，就已經為他人付出金錢、感情、青春與信任，卻發現到頭來只是一場騙局的時候，即使萬般後悔，又哪裡來得及呢？

情感，可以是高貴的，也可以是虛假的，當你心中充滿感動而決定做某些事，可千千萬萬要留心呀。

PART 10

面對誠實的人，
就用誠實的方法

人與人之間的相處，可以是君子之爭，
不必奉承阿諛，更不必費心猜疑，
才不會有相互拉扯的兩敗俱傷。

別把時間浪費在抱怨上

遇到任何困境或難題時，不要只會抱怨、跳腳，別把時間浪費在哭泣上，快擦乾眼淚吧！

世間的小人無所不在，只不過有的小人是顯性的，有的小人是隱性的。

一般而言，隱性的小人遠比顯性的小人更難提防。這是因為，遭遇顯性的小人，我們會事事謹慎小心，深怕自己被坑被騙，但是，隱性的小人卻常常犯下「無心之過」，讓我們疏於提防之餘欲哭無淚。

不過，既然悲慘的事情都已經發生了，抱怨或哭泣都無濟於事，只要馬上採取補救行動就能扭轉局面。

托馬斯‧卡萊爾是十九世紀英國的著名作家，他以《法國大革命史》和《英雄、英雄崇拜及歷史上的英雄人物》兩本著作聞名於世。

《法國大革命史》第一卷即將付印之前，托馬斯‧卡萊爾答應經濟學家彌爾的要求，將原稿先借給他看一看。誰知，彌爾閱

讀完之後，未經同意又把稿子借給泰拉夫人閱讀。

　　不幸的是，泰拉夫人翻閱之後卻沒有把稿子放好，隨意放在房間的一角，臨時有事便出門去了。

　　這時，正巧有一位女僕進來打掃房間，竟把它當成了廢紙，信手扔進了暖爐裡生火，珍貴的書稿一下子便化成了灰燼。

　　這該怎麼辦呢？托馬斯並沒有留下副本，彌爾和泰拉夫人急得不知所措，討論過後，他們只好把情況一五一十地告訴托馬斯‧卡萊爾，並且請求原諒。

　　卡萊爾聽到這個消息後，腦袋「嗡」的一聲，半天都說不出話來，可是，面對這個無法挽回的損失，他卻沒有任何怨言，反而在心裡安慰自己：「可憐的托馬斯，你必須面對這個意外的事實。」

　　爲了紓解內心的焦急和苦惱，卡萊爾努力地克制自己，先是靜靜地坐下來閱讀小說，並且連續讀了好幾個星期。

　　面對這樣的晴天霹靂，他承受了一切，而且毅然地決心重新開始。

　　他開始將所有的記憶、思想和收集的史料……等等，重新思考並回憶一遍，然後從頭寫起。不管有多困難，也不管有多麼辛苦，最終他仍然戰勝了一切，完成這部歷史的世界巨著。

　　義大利作家普拉托里尼曾經提醒我們：「紡錘也會不準，甚至鏡子裡出現的形象也和實體不一致，教皇也會有說錯話的時候。」

　　既然如此，小人「不小心」犯下讓我們傷心欲絕的錯誤，也

是可以理解的事，要怪只能怪自己不長眼睛，太容易信任別人。

　　單憑身分、地位或外貌面就輕信別人是人性的弱點之一，如果不設法加以克服，結果往往就像卡萊爾的遭遇，甚至蒙受更大的損失。

　　不過，卡萊爾的遭遇也給了我們正面的惕勵，那就是：「不要太傷心，只要再接再厲，事情永遠都會有補救的機會。」

　　別為無法挽回的事情懊惱，你願意能給自己多少浴火重生的機會，你就會有多少成功的機會！

　　遇到任何困境或難題時，不要只會抱怨、跳腳，既然都知道機會不多了，就別把時間浪費在哭泣上，快擦乾眼淚吧！抓住第一時間進行挽救，到最後，成功仍然會是屬於你的。

用機智把危機化轉機

碰到事情時，許多人都只會退縮或哭泣，只是
再多的眼淚也沖不走麻煩，何不在遇上的當
下，立刻沉著應變，將事情解決呢？

　　無論多麼不願意，生活處處都有小人和壞人，都會有我們意
想不到的危機，以及麻煩的事情發生。

　　面對這種情況，唯有隨機應變，不管遇到任何突發狀況時都
能臨危不亂，你才能化險為夷，讓每一個危機都能轉化成轉機。

　　有一天深夜，卓別林帶了一大筆現金，正開著車要趕回鄉村
別墅的途中，沒想到竟然遇到了一個強盜。

　　他持著手槍，要求卓別林把錢全部交出來，卓別林這時一邊
準備遞錢，一邊說道：「朋友，請你幫個忙吧，把我的帽子打穿
幾個洞，這樣我回去之後才能向主人交代呀！」

　　這強盜便朝卓別林的帽子打了幾槍，卓別林又對他說：「還
有我的衣襟上，也來幾槍吧！」

　　強盜拉起卓別林的衣襟，再開了幾槍。

　　最後，卓別林又央求強盜說：「如果你能在我的褲子上也打

幾槍，那就更逼真了。」

　　強盜不耐煩了，嘴裡生氣地咒罵了起來，但還是把槍對準了卓別林的褲子，可是，他扣了好幾次扳機，卻連一發子彈都射不出來。

　　這時，卓別林知道槍裡已經沒有子彈了，於是立刻把錢包搶了過來，跳上車趕快逃跑，而這個笨強盜這才知道自己上當了。

　　強盜的目的只是為了錢，而卓別林之所以乖乖把錢交給強盜，則是害怕強盜會開槍射殺他。

　　但是，聰明的卓別林隨即想到，如果能把強盜手槍裡的子彈全耗盡的話，他就不用再擔心了，因而想出了這招誘導強盜用光子彈的妙計，安全逃脫。

　　機智，是這篇小故事所要表現的重點，碰到事情時，許多人都只會退縮或哭泣，只是再多的眼淚也沖不走麻煩，退了再多步，最後你仍得前進面對，所以，何不在遇上的當下，立刻沉著應變，將事情解決呢？

面對誠實的人，就用誠實的方法

人與人之間的相處，可以是君子之爭，不必奉
承阿諛，更不必費心猜疑，才不會有相互拉扯
的兩敗俱傷。

人與人之間的應對模式，經常必須因人而異，面對誠實的人就用誠實的方法，面對狡詐的人就用迂迴側擊的方法。

千萬不要用錯方式，否則就很難達到功效。

美國南北戰爭打得如火如荼期間，有一天，一位女孩來到總部找林肯總統，想要求他開具一張去南方的通行證，林肯不解地問她：「現在南北方正在打仗，妳這時去南方做什麼呢？」

這女孩回答說：「回去探親。」

林肯一聽高興地說：「那妳一定是支持北派囉！請勸勸妳的親友們，希望他們能放下武器，歸降聯邦政府。」

誰知道情況與林肯想像的完全不同。「不！我是個支持南方的，而我要回去鼓勵他們堅持到底，絕不後退。」女孩很坦率地回答。

林肯聽了很不高興，反問她：「那麼妳來找我幹嘛呢？妳真

的以為我會給妳開通行證嗎？」

女孩沉著地說：「總統先生，在學校讀書時，老師都會跟我們說林肯的誠實故事。從那時候開始，我便下決心要學習林肯，永遠做一個誠實的人，一輩子都不說謊。因此，我不打算為了一張通行證，而改變自己要誠實的習慣。」

女孩的話感動了林肯：「好，我就給妳一張通行證。」

說完，林肯在一張卡片上寫了這樣一行字：「請讓這女孩通行，因為她是一位信得過的人。」

對付小人，必須用小人的方法；對付君子，當然得用君子的方式。

在人生的旅程中，如果不懂得做人做事的方法，就如同欠缺智慧的傻瓜，做出搞錯對象、使錯方法的傻事也就不足為奇了。

故事中，我們讀到了小女孩的勇氣和誠實，更看見林肯的氣度與包容，兩個人都是能人所不能，也都有所為而為。

女孩有求於人，卻不願違背自己的意志，寧可誠實說出自己的目的，這是因為她明白林肯的為人，所以能對症下藥，一方見效。

人與人之間的相處應當如此，可以是君子之爭，不必奉承阿諛，更不必費心猜疑，才不會有相互拉扯的兩敗俱傷。

創造屬於自己的時機

愚蠢的人只會等待，等待一個永遠只會擦身而過的機會；但你是個聰明人，不僅要懂得把握時機，更要懂得如何創造時機。

在培根的《人生論》中，有這麼一段：「機會老人會先給你一撮他的頭髮，如果你沒能抓住，再抓到時就只能碰到他的禿頭。或許他給的是個瓶頸，但也一定會是個可以讓你抓住未來的瓶頸，要是你沒有及時抓牢，再碰到的就會是抓不住的圓瓶肚了。」

你是不是常從機會的瓶肚上滑了手，別忘了，你就是自己的命運設計師，希望人生過得精采，期待夢想能夠實現，關鍵就在於你是不是能抓住這些機會。

有一個作家寫過一則關於「機會」的寓言故事，大意是這樣的：

有個人靠在一塊大石頭上，懶洋洋地曬著太陽，這時遠處走來了一個奇怪的東西。它身體散發著五顏六色的光彩，而且是八條腿一齊運動，行動十分敏捷，很快地就走近這個人的身邊。

「喂！你在做什麼？」那怪物問。

「我在這兒等待時機。」懶人回答。

「等待時機？哈哈！時機長什麼模樣，你知道嗎？」怪物問。

「不知道。不過，聽說時機是個很神奇的東西，只要它來到你身邊，那麼你就走運了。或者可以當個官、發了財，甚至娶個漂亮老婆，總之，時機來了會很幸運就對了。」

「可是，你連時機長什麼樣子都不知道，還在等什麼？不如跟著我走吧！讓我帶著你去做些有益於你的事吧！」那怪物說著就過來要拉他走。

「去去去！我才不跟你走！」懶人不耐煩地踢著那怪物，怪物見狀，只好嘆了口氣便離開了。

過了不久，又有一位留著長鬚的老人來到懶漢的面前，問道：「你剛剛有抓住一個怪物嗎？」

「抓住怪物？那是什麼？」懶人問。

「它就是時機呀！」

「天哪！我把它趕走了！」懶人急忙站起身呼喊，希望它能再回頭。

長鬚老人說：「算了，讓我告訴你時機的秘密吧！你專心等它時，它可能遲遲不來，一不留心，它就又來到你面前；如果它從你面前走過時，你沒抓住，那麼它是不會再回頭的！」

「天哪！我這一輩子不就失去時機了嗎？」懶人哭著說。

「那也未必，」長鬚老人說：「我再告訴你另一個時機的秘密，屬於你的時機不止一個。」

「不止一個？」懶人驚奇地問。

「對，就是這樣。這一個失去了，還會有下一個，而且這些時機，大多是人們自己創造的。」

「什麼？時機可以創造？」

「是的，剛才的時機就是我幫你創造的，可惜你把它趕走了。」

「太好了，那麼請您再爲我創造一些時機吧！」懶人說。

「不，以後只能靠你自己創造了。」

「可是，我不會創造時機呀。」懶人爲難地說。

「我教你，現在，站起來，不要只會等待，大步前進，努力去做就對了，很快地你就能會創造時機了。」

有人說，小人的一個重要特性就是喜歡不勞而獲，因此，有本事的會絞盡腦汁想掠奪別人的成就，沒本事的就像故事中的懶人，成天做美妙的白日夢，希望好心人伸出援手，或是好運有一天會突然降臨。

其實，就像俄國諷刺作家克雷洛夫所說的：「對於命運的變化無常，我們感嘆得太多了，發不了財的，升不了官的，都要埋怨命運不好。然而，仔細想想吧，過錯還是在你自己。」

的確，只要大步向前，努力去做，任何人都能夠創造屬於自己的時機。

你還在苦苦等待機會降臨嗎？

愚蠢的人只會等待，等待一個永遠只會擦身而過的機會，但你是個聰明人，不僅要懂得把握時機，更要懂得如何創造時機。

機會雖然偶爾會找上門，但是大多時候，得靠你自己要去找。

放棄之前，再給自己一次機會

挫折與艱困，常常會讓人受不了身心的折磨而萌
生放棄的念頭，只是，回想前路的辛苦，都付出
那麼多了，就這麼放棄了，不是很可惜嗎？

透過觀察比較，我們可以知道，強者與弱者只有一線之隔，
強者高明的地方在於永不放棄，能夠堅定不移按照自己既定的人
生目標前進。

至於弱者則平時展現出一副自己很厲害、很英勇的模樣，但
是遇到失敗挫折就怨天尤人，最後氣餒地放棄。

其實，只要有了奮戰到底的堅強意念，竭盡全力、用心做到
最好，你也一定會和科幻小說大師凡爾納一樣，受到成功之神的
眷顧。

法國著名的科幻小說家凡爾納，將他的第一部科幻小說《氣
球上的五星期》的手稿，先後寄給十五家出版社後，很快地，也
先後收到了十五家出版社的退稿。

當時的凡爾納絕望地想：「這些出版商看不起像我這樣的無
名作者，我再也不寫什麼科幻小說了！」

一氣之下，他走到壁爐邊，準備把書稿都燒了。

「不能燒呀！」妻子把手稿搶了過去，說：「凡爾納，別灰心，再試一次啊！也許機會和運氣就要來了呢！」

凡爾納聽了妻子的勸告，於是帶著稿子，毅然地來到第十六家出版社。

這家出版社的經理赫哲爾是個頗具獨到眼光的人，在他讀完凡爾納的原稿後，發現他的作品有一種與眾不同的獨特魅力，更斷定凡爾納是個很有才華的年輕作家，一定會在文壇大放異彩。於是，他決定立即出版此書，還與凡爾納簽訂了長達二十年的合約。

果然不出赫哲爾所料，《氣球上的五星期》出版後，受到廣大讀者的歡迎，而凡爾納的科幻小說從此也風行全球。

從三十五歲寫了第一本科幻小說開始，直到七十七歲逝世為止，整整四十二年，凡爾納手上的筆從未停頓過。

很多時候，阻礙我們成功的「小人」並不是別人，恰恰是我們自己，只要戰勝自己，誰都能握住成功的契機。

因為妻子的支持，鼓勵凡爾納「再試一次」，所以才能讓凡爾納抓住這第十六次的機會，並且登上科幻小說大師的崇隆地位。

挫折與艱困，常常會讓人受不了身心的折磨而萌生放棄的念頭，只是，當你細細回想前路的辛苦，都付出那麼多了，就這麼放棄了，不是很可惜嗎？

這個時候，不如換個角度想吧！與其日後抱怨，付出那麼多卻沒有得到回饋，不如繼續堅持下去，再給自己一次機會。

用心經營自己的人生

生命的價值，是在人與人之間的互動中建立，
不管是待人還是對自己，都需要花費心思經
營。

英國思想家柯立芝曾說：「人如果不能飛昇成為天使，那麼，
毫無疑問的，他將墮落成為魔鬼。」

縱然當不成天使，也不用淪落為魔鬼；可以當好人，又何必
當小人？無論眼前的際遇是好是壞，都不要讓自己墮落成讓人厭
惡的人。

不要否定自己，也不要總是抱著同情的眼光看待不幸的人，
人與人之間因為有互動和激勵，才會有不斷進步的人生。

有個缺了一條腿的乞丐，經常坐在一家銀行的門口乞討，這
家的銀行主管經過時都會朝乞丐的杯子裡投一個硬幣，但是，和
別人不同的地方是，他一定都會同時拿走乞丐身旁的一支鉛筆。

有一天，他對乞丐說：「你或許會覺得奇怪，為什麼我非得
拿你的鉛筆不可？我告訴你吧！因為我是一個商人，既然花了錢，
就得拿回一件貨真價實的東西。你要記住，我不是在拖捨你，而

是在和你做買賣。」

　　不久之後，門口那個蜷縮的乞丐不見了，慢慢地銀行家也把他給忘了。

　　直到有一天，他走進一家大型文具店，赫然看見那個流浪漢，竟衣著光鮮地坐在櫃台後面工作。

　　「我一直期盼，有一天您能到這兒來光顧！」這位店主相當開心地對銀行家說：「今天，我能夠在這兒工作，都是您的功勞。自從聽您說了交易的道理之後，我告訴自己，再也不要成為依靠別人施捨的乞丐，同時開始做起鉛筆生意，而且越做越有心得。這是您給我的鼓勵，更給了我生存的自尊，徹底地改變了我的人生。」

　　在這個物慾橫流的社會，許多人只顧著追逐眼前的虛榮，喪失了高貴的情操、崇高的理想和豐富的觀點，變得庸俗、粗鄙、媚俗。

　　從這個小故事中，我們看見了這位銀行家對別人的尊重，他的小動作看似平淡無奇，但是其中意義卻是非常深刻。

　　生命的價值，是在人與人之間的互動中建立，不管是待人還是對自己，都需要花費心思經營。

　　故事中這位銀行家和乞丐之間的互動便是如此，一個給了別人肯定的尊重，一個懂得肯定自我價值，才能有創造乞丐變老闆的奇蹟。

信守承諾才能贏得敬重

牢牢記住一件小事，無形之中為自己成就了一
件非凡的大事，這就是一諾千金的重要！

信口開河是小人最常見的面貌，恭維與承諾則是他們最常使
用的武器，言而無信則是他們一貫的行徑。

因為，虛情假意最能模糊別人的視聽，也最能掩飾自己的卑
劣的動機，而背信忘義則是為了保住自己的既得利益。

千萬不要成為信口開河的小人，因為不管在工作場合或日常
生活中，週遭的人莫不觀察著你的信用。因此，不要以為一兩次
失信或黃牛對自己影響不大，殊不知，這正是你能不能贏得人心
的重要關鍵。

一九四二年八月，巴頓被任命為進攻北非的美軍部隊指揮官。

在與同盟軍將領商討作戰計劃時，巴頓費盡了唇舌建議，由
於爭論激烈，習慣抽煙的巴頓，自然是一支接一支不停地抽。

很快地，他把自己帶來的煙全抽光了，沒有煙就沒有靈感和
精力的他，不得不向在一起工作的海軍助理布徹中校借煙。

起初，布徹很客氣地送了幾支煙給巴頓，可是巴頓的煙癮實在太大了，一下子就把布徹珍藏的大哈瓦那雪茄，也全部抽光了。

臨別時，巴頓懷著感激之情，對布徹說：「謝謝你的雪茄，我回到華盛頓後，會立刻送還給你的。」

布徹聽了只是笑一笑，因為他認為，巴頓應該只是隨口說說而已，根本沒把它放在心上。

然而，就在半個月之後，布徹竟然收到巴頓寄來的一大批雪茄。原來，巴頓一回到美國，就立即訂購了一大批雪茄，並叮囑要立即寄送給布徹中校。

布徹收到煙後，內心十分感動，他根本沒有想到，巴頓在百忙之中，居然還會記得這件事。

事後，布徹特意對艾森豪將軍報告說：「巴頓是個可以信賴的人。」

在我們的生活週遭，之所以會有那麼多不守信諾的小人，原因就在於他們渴望獲得某些利益，或是恐懼失去某些賴以維生的屏障，因此才會不擇手段地想要透過說謊的方式欺騙別人或是討好別人。

但是，這些欠缺信用的小人忘了，現實生活中吃了一次暗虧，上當過一次之後，人就會變得謹慎，小心翼翼地提防這些唬人弄人的伎倆，不會輕易聽信這些言不由衷的話語。

當然，有時候，我們會因為忙碌、遺忘或覺得答應的是不重要的小事，沒能兌現自己的承諾，但是經常忽略這些小事，久而久之，在別人的評斷標準中，我們就成了沒有信用的人。

　　巴頓將軍牢牢記住一件小事，無形之中爲自己成就了一件非凡的大事，這就是一諾千金的重要！

　　故事裡的巴頓，能記住對朋友的一個小承諾，所以只要是他所允諾的事，大部份人也都會相信他都能遵守，這說明了一個能言而有信的人，必定能得到別人的信賴與尊重。

　　千萬要記住，信用就是人際關係的通行證。

說謊，有時只是一種想像

不妨順著孩子們的想像加以引導，多和他們溝通互動，也許下一個科學家或思想家，就會出現在你的眼前。

小人通常喜歡說謊，但是，說謊的不一定是小人。

例如，小孩子的想像力非常豐富，當他們在敘述某件事物時，常常會加入自己的想像和聯想，有時甚至是一些幻想，於是，不免會造成無意中說出的謊話的情況。遇到這種情形，千萬別急著生氣。

達爾文小時候非常喜歡幻想。有一次，他在山邊撿到一塊小化石，回家之後，他跟姐姐說這是一塊非常珍貴的寶石。

不久，達爾文又揀到一塊奇形怪狀的硬幣，他又一本正經地告訴姐姐，說這個硬幣是羅馬時代的錢幣。可是，當姐姐拿來一看，卻發現這只不過是一枚被壓扁變形的舊幣罷了。

還有一次，達爾文向同學說，他發明了一種「秘密液體」，只要注射到植物的體內，就可以改變花果的顏色。

達爾文的姐姐對他的「謊言」，實在感到非常厭煩，每次都

生氣地向父親告狀，但是，他們的醫生爸爸聽了，卻一笑置之地說：「這不算什麼謊言吧！」

因為父親發現，在達爾文的「謊言」中，有著非常豐富的想像力和強烈的好奇心，於是在他的細心愛護，並以啟迪和誘導的方式教導之後，終於使得達爾文在科學上有了卓越的貢獻。

其實，故事中達爾文的情節並不算說謊，他只是比一般孩子更沉浸於自己的想像之中而已。

所以，當你發現孩子說的話與事實不符時，別急於否定他們，也別急著糾正他們，畢竟我們已經成年，也經過了許多年的學習和成長，同時也失去了更多想像和幻想的能力。

如果只是想像，不妨順著孩子們的想像加以引導，多和他們溝通互動，也許下一個科學家或思想家，就會出現在你的眼前。

但是，如果你確定小孩明顯養成了說謊的習慣，那麼就要趕緊加以矯正，否則將來可能真的會變成專門騙人坑人的小人。

做好準備，就不會錯失機會

> 眼睛放亮一些，目光更遠一些，思考更靈活一些，對於可能即將到來的轉機，只要我們準備好了，就不會錯失。

是否覺得自己的日子過得不盡如意呢？工作原地踏步，生活一成不變，每天只是重複做著同樣的事，領著不高不低的薪水……

「如果能有個改變的契機，那該有多好呀！」或許我們常這樣想。

但是，假如有一天，真的有個改變人生的大禮物從天而降，我們真的能夠掌握這個大好機會嗎？

戰國時期，魏國有一個老農夫，心地善良，為人忠厚，平時在農田裡辛勤勞作，希望有個好收成，使全家人的生活得到改善。

有一次，農夫在田裡犁田，突然聽到一聲震響，他喝住耕牛，刨開土層一看，原來是犁錐撞上了一塊直徑一尺、光澤碧透的異石。

這原來是一塊罕見的美玉，可是農夫並不知道是玉，只把它當作普通的石頭搬到家裡去。

　　他的鄰居看見他搬著東西回家，就問他說：「你搬的是什麼東西？」

　　他對鄰居說：「我犁田的時候，挖出一塊硬石頭，放在地裡會碰到犁頭，所以把它搬回來了！」

　　鄰居走上去一看，頓時間眼前一亮，心裡暗想：「這塊玉石可是無價之寶啊！一定值不少錢！正好這個笨老頭不知道這是個寶貝，不如我隨便唬弄一番，把它騙過來。」

　　於是，他編了一套謊話對農夫說：「這是個不祥之物，留著它遲早會惹來禍患，你不如把它扔掉吧！」

　　農夫聽了，一時拿不定主意，心想：「這麼漂亮的一塊石頭扔掉了多麼可惜。」農夫猶豫了一會兒，最後決定先擺在屋外的走廊上觀察一下，看看到底是怎麼一回事。

　　那天夜裡，寶玉忽然光芒四射，把整個屋子照得像白晝一樣，農夫全家人被這種神奇的景象驚呆了。

　　農夫又跑去找那鄰居，鄰居趁機嚇唬他說：「這就是石頭裡的妖魔在作怪，你最好馬上把這塊怪石扔掉才能消災除禍！」

　　聽了這話以後，農夫急忙把玉石扔到了野地裡，至於鄰居則偷偷跟在老農夫的後面，把玉石搬回自己的家裡。

　　第二天，鄰人便拿著這塊玉石獻給魏王，魏王立即把玉工召來品評其價值。那玉工一見這塊玉石，不覺大吃一驚，急忙朝魏王跪下對魏王說：「恭喜聖上洪福，您得到了一塊稀世珍寶。我當了這麼多年的玉工，還從來沒有見過這樣大、這樣好的玉石。」

　　魏王問：「這塊玉石值多少錢？」

　　玉工說：「這是一件無價之寶，難以用金錢計算它的價值。世上的繁華都市裡有各種各樣的玉石，但沒有哪一塊能與它媲

美。」

　　魏王聽了這話以後非常高興，當即賞給獻玉者一千兩黃金，同時還賜予他終生享用大夫俸祿的待遇。

　　這位鄰居的品性奸狡，騙人唬人的行為固然不值得學習，但更為可嘆的是，老農夫竟然不識無價玉石，任憑它從自己的手上被人用奸計奪走，也實在太令人扼腕了。

　　老農夫倘若多一點知識、常識，倘若能對這塊「奇石」有多一點的認識，那麼最後得到榮華富貴的人便會是他了。

　　我們可能也曾經有過像這樣的機會，遇到不少足以改變我們的命運的契機，但是，就在關鍵時刻，我們就像這個老農夫一樣，沒有認識到它的價值，不明白它有多麼珍貴，以至最後讓這樣的寶貴機會從我們手上溜走，這不是很讓人遺憾的事嗎？

　　機會來臨時，未必總是以我們認識或我們想像的方式呈現，我們如果沒有辦法及時認出它的價值與可能性，那麼我們很可能像這位老農夫一樣，與它擦身而過而不自知。

　　眼睛放亮一些，目光更遠一些，思考更靈活一些，對於可能即將到來的轉機，只要我們準備好了，就不會錯失。

PART 11

該說謊的時候，還是得說

雖然說謊不是好事，
但是偶爾一兩句善意的謊言，
會帶來令人意想不到的驚喜效果。

越懂得把握，收穫越多

> 得到一樣東西之後，往往又會想要更多，慾望
> 無窮，但是得到的卻沒有更多，反而把原本握
> 在手上的，拱手讓給了別人。

　　不論是為人處世或是投資理財，都應該謹守中庸之道，適可
而止，才能讓自己處於不敗之地。

　　否則，到最後就會淪為「一無所有」的失敗者。

　　有一對新婚夫妻到拉斯維加斯度蜜月，不到三天時間，新郎
就已經輸掉了一千美元。

　　這天，新郎又輸了，非常懊惱地回到房間。這時候，新郎看
到梳妝台上有個閃亮亮的東西，好奇地上前一看，原來是他的妻
子為了當紀念而留下的五塊錢籌碼，而籌碼上的號碼「十七」正
在閃閃發光。

　　新郎覺得這是個好兆頭，於是興高采烈地拿著這個五塊錢籌
碼跑到樓下的輪盤賭台，準備用這個五塊錢籌碼押在「十七」號！

　　不知道是哪裡來的好運，輪盤的小球居然正好落在「十七」
這個數字上！

新郎就這樣贏了一百七十五塊美元。

新郎高興得不得了，把贏來的錢繼續押在「十七」號上，結果居然又中了！

新郎的好手氣就這樣一直持續著，最後他竟然贏了七百五十萬美元！

這時的他已經是欲罷不能了，賭場的經理終於出面了，對新郎說，如果他再繼續賭下去的話，賭場可能沒有辦法再賠他錢了。

這個新郎想乘勝追擊，於是立即叫了部計程車，直奔市區另一家財力更雄厚的賭場。

他樂昏了頭，把贏來的七百五十萬全部孤注一擲地押在「十七」號上，結果輪盤的小球方向一偏，最後停在「十八」號上。

就這樣，他一輩子都賺不到的天大財富，轉眼間便輸得一乾二淨了。最後，他身上一毛錢都沒有，只好垂頭喪氣地走回旅館。

他一進房間，妻子就問他：「你到哪裡去了？」

「我去賭輪盤。」他說。

「手氣怎麼樣？」妻子好奇地問。

「還好，我只輸了五塊錢。」

其實，這位新郎原本可以成為七百五十萬美元的主人，但是他的貪心，卻讓他成了「只輸了五塊錢」的過路財神。

我們或許都曾有這樣絕佳的機會，只是我們有沒有好好把握而已。

得到一樣東西之後，往往又會想要更多，人的慾望無窮，但是得到的卻沒有更多，反而把原本握在手上的，拱手讓給了別人。

如果你已經掌握了些什麼，請你好好把握，或許從這些資源中，你反而能得到更多意想不到的收穫！

建立蘇維埃政權的列寧曾說：「為了能夠分析和考察各種狀況，應該在肩膀上長著自己的腦袋。」

當你面臨選擇的時候，應該要有屬於自己的獨立思考方式，方能做出最有利於自己的判斷和抉擇。

該說謊的時候，還是得說

> 雖然說謊不是好事，但是偶爾一兩句善意的謊
> 言，會帶來令人意想不到的驚喜效果。

說謊，連三歲小孩子都知道這是一種壞習慣。可是，在大人的世界裡，總是自以為誠實地直來直往，有時候反而會吃大虧，因此，某些善意的謊言是有必要存在的。

不過，必須注意的是，善意的謊言最忌諱的就是過於誇張，而且要配合適當的時機和場合。

這樣一來，才能讓謊言發揮出最大的效果。

在一次盛大豪華的舞會上，甲對舞會的主人──一位徐娘半老但風韻猶存的女士說：「看到您，不禁使我想起您年輕的時候。」

女士微笑地問：「我年輕的時候怎麼樣？」

「很漂亮。」甲回答。

「難道我現在不漂亮嗎？」女士開玩笑地問。

沒想到甲竟然非常認真地回答：「是的，比起年輕時候的您，您現在的皮膚不但鬆弛，缺少光澤，甚至還有不少皺紋。」

　　這位女士聽完甲的回答，臉上一陣白一陣紅，十分尷尬地瞪著甲，剛才的自信完全消失了。

　　就在這個時候，乙適時出現在這位女士的面前，彬彬有禮地伸出手，對她說道：「不知道我有沒有這個榮幸，邀請這個舞會上最漂亮的女士一起跳舞呢？」

　　女士的眼睛頓時亮了起來，接受了邀請，兩個人在舞池裡跳了首舞曲。這位女士像突然變了個人般，全身散發著迷人的魅力，就像個漂亮的年輕女孩！

　　舞會過了沒幾天，甲和乙同時收到一封訃文，那位女士突然死了。

　　不過，乙比甲還多收到了一封遺囑，這位女士在遺囑中註明，將自己所有的財產留給乙。

　　很多人都會因為自己口是心非而感到懊惱，其實，往好的方面想，口是心非並沒什麼大不了的。

　　因為，絕大多數時候，我們並不是存心欺騙別人，也不是打從心裡想藉由討好別人來達成自己的目的。只不過是為了減少一些不必要的麻煩，或者化解某些尷尬，才不得不說出那些「善意的謊言」。

　　有一句西洋諺語：「一滴蜂蜜能比膽汁招來更多的蒼蠅」，說明了甜言蜜語比毫不留情的實話更能夠吸引別人。

　　雖然說謊不是好事，而且謊言一旦被拆穿，下場往往比說實話還慘；但是偶爾一兩句善意的謊言，會帶來令人意想不到的驚喜效果。

不要讓自己的創意不切實際

> 創意一開始都是天馬行空的，需要靠行動一步
> 步地修正，否則，再多的想法，也不過是徒然
> 浪費自己的想像力罷了。

每個人都想成功致富，但是當夢想陷入膠著狀態，你能不能運用自己的聰明才智，讓它朝自己希望的方向發展？

所謂的聰明才智，就是發現不同事物之間的相似之處，以及發現相似事物之間的差異，對於激發創意有著無窮妙用。

《富爸爸，窮爸爸》裡有一則有趣的故事。

羅伯特和麥克才几歲的時候，就想靠自己的力量賺取零用錢。但是，他們的年紀太小了，找不到適合的工作，於是兩人想了很久，終於想出了一個他們認為「最好」的賺錢方法。

接下來的幾個星期，羅伯特和麥克跑遍了整個小鎮，到處去要別人用完的牙膏皮。

每個人都很願意給他們這種沒用的東西，可是每當問他們有什麼用途時，他們總是回答：「這是商業秘密」。

等到他們攢足了牙膏皮時，就開始把這些牙膏皮「變」成錢。

兩個九歲的男孩在車庫合力「安裝」了一條生產線，完成之後還要求羅伯特的爸爸來參觀。

原來，當時的牙膏皮還不是塑膠製，而是鉛製的，所以把牙膏皮上的塗料熔掉之後，鉛皮就會因為高溫變成液體，然後羅伯特和麥克再小心地把鉛液灌入裝有石灰的牛奶盒裡。

看到這種情形，羅伯特的爸爸好奇地問：「你們在做什麼？」

羅伯特興奮地說：「我們正在『做』錢，我們就要變成富翁了！」

麥克也笑著說：「我們是合夥人。」

羅伯特用一個小鎚子敲開牛奶盒，並且對他爸爸說：「你看，這是已經做好的錢。」

說著，一個鉛製的五分硬幣就這麼掉了出來。

羅伯特的爸爸這才明白：「原來你們在用鉛鑄硬幣啊！」

麥克說：「對啊，這是我們想到的賺錢方法。」

羅伯特的爸爸笑著搖搖頭，並且向他們說明為什麼這個方法是犯法的行為，根本行不通。

兩個孩子聽完了，頓時覺得非常失望，羅伯特很沮喪地對麥克說：「我們當不成富翁了。」

羅伯特的爸爸聽完，對他們說：「孩子，一件事情的成敗並不重要，重要的是你們曾經嘗試過。你們比大多數只會空談的人還要厲害得多，我為你們感到驕傲。」

創意如果沒有真正付諸行動，就不可能稱為創意，只能稱為一種腦海中的「想法」而已。

　而且，創意一開始都是天馬行空的，需要靠行動一步步地加以修正，否則，再多不切實際的想法，也不過是徒然浪費自己的想像力罷了。

　因此，當身邊的「小人」和「壞人」嘲笑你的創意是異想天開的幻想時，先別急著鬧脾氣，也不用和對方爭得面紅耳赤，而是試著付諸行動，然後一步步加以修正。

　如此一來，你的創意就有可能成為通往成功的捷徑。

慎重選擇自己的模仿對象

這個競爭激烈的社會，嚴格說起來，就是一場大
型的模仿秀。選對了目標，成功或許指日可待；
一旦選錯了，可能就得花更多的時間繞遠路了。

人的成長，往往來自於模仿別人，然後從模仿中找到自己的
風格。

越懂得「模仿」訣竅的人，就越容易成為他所模仿的對象，
到最後甚至超越被模仿的人。

有一位作家到洛杉磯旅行時，他的美國朋友開車帶著他到處
觀光。當他們來到洛杉磯最著名的高級住宅區比佛利山莊時，看
到各式各樣的豪宅，作家忽然問他的美國朋友說：「你看到這麼
高級的豪宅，會不會嫉妒住在裡面的人？」

美國朋友回答：「當然嫉妒，不過我嫉妒的是他們能遇到好
機會！如果將來我能遇到好機會的話，我會做得比他們還要好！」

後來，這位作家到日本去玩，一位日本朋友也帶著作家去參
觀高級住宅區。日本的豪宅雖然建築和格局都與美國不同，但是
一樣都很漂亮華麗。作家也問了日本朋友同樣的問題：「你會不

會嫉妒住在裡面的人？」

　　日本朋友搖搖頭，回答說：「當然不會！日本人只要見比自己強的人，通常都會主動接近那個人，和他交朋友，向他學習。等到把他的長處學到後，再設法超越他。」

　　只有傻瓜才會情緒性地嫉妒別人的成功，老是跟自己生悶氣，卻不想如何才能超越對方。

　　這個看起來競爭激烈的社會，嚴格說起來，就是一場大型的模仿秀。正因為每個人都在不知不覺中模仿他人，所以如何選擇模仿對象，就成為一件很重要的事了。

　　選對了模仿目標，成功或許指日可待；一旦選錯了，可能就得花更多的時間繞遠路了。

　　所以，成不成功靠的不只是運氣，還得好好地選擇自己想模仿的對象，如此一來，不只能讓自己節省不少的力氣，還可以比他人更快地達到目標。

有計劃，才能因應變化

計劃是實現夢想的第一步，有了計劃，我們才
能開始完成夢想的步驟，並且節省更多時間，
減少走向冤枉路的機會。

我們常會說：「計劃永遠趕不上變化」，但是很多人誤解了
這句話的意思，動不動就將這句話拿來為自己的沒有計劃做辯護。

其實，這句話只是為了告訴我們變通的重要性，而不是要我
們無所事事或完全放棄「計劃」。

一九八四年，東京國際馬拉松邀請賽中，原本名不見經傳的
日本選手山田本一，在眾人的意料之外奪得了世界冠軍。當記者
問他是如何自我鍛鍊時，他只說了一句話：「我是用智慧戰勝對
手的。」

當時很多人都認為山田本一很臭屁，是在故弄玄虛，畢竟馬
拉松是憑藉體力和耐力的運動，爆發力和速度都還在其次，只要
選手的身體素質好、耐力夠，就有成為冠軍的希望。所以，智慧
對馬拉松來說會有什麼幫助？這個說法實在有些勉強。

兩年後，義大利國際馬拉松邀請賽在義大利的北部城市米蘭

舉行。山田本一代表日本參加比賽，並且再度獲得了世界冠軍。

面對山田本一時，記者們再度問到了獲勝的關鍵。

性情木訥的山田本一原來就不善言辭，所以這次的回答還是和上次一樣：「用智慧戰勝對手」。

不過，這次記者們並沒有在報紙上挖苦他，只是仍然對他所謂智慧的說法還是一頭霧水。

十年後，山田本一在他的自傳中，明白地解釋了他的「智慧」：

「每次比賽前，我都會先把比賽的路線仔細地看一遍，並且把沿途比較醒目的標誌記下來。比如第一個標誌是銀行，第二個標誌是一棵大樹，第三個標誌是一座紅房子……等等，就這樣一直記到賽程的終點。

等到真正比賽時，我會奮力地向第一個目標衝刺，等到達第一個目標後，再用同樣的速度跑向第二個目標。

這樣一來，不管多遠的賽程，只要分解成幾個小目標，我就可以輕鬆地跑完全程了。

剛開始時我不明白這個道理，只會把目標定在終點線，結果跑不到十幾公里便疲憊不堪，被前面遙遠的路程給嚇到了。」

計劃是實現夢想的第一步，有了計劃，才能開始完成夢想的步驟。

所以，我們不應該將計劃視為一種束縛，而是把計劃當成一種規範，再跟著環境的變動逐步的調整與修正。

如此一來，成功的機率絕對比跟無頭蒼蠅一樣到處碰壁還要

大得多，而且更能避免許多無謂的冤枉路。

　　法國大文豪福樓拜在談論人生時曾經說過：「堅強，求助於你的意志力，而不要求助於天神。因為，天神從來不理會人們的求救呼聲。」

　　想在險惡的人性叢林中求生存也需要計劃，聰明的人考慮問題、制定謀略的時候，一定要兼顧利與害。既要充分考慮到有利的方面，同時也要考慮到不利的一面，保持清醒的頭腦，才不會衍生不必要的後遺症。

鋪一條沒有坑洞的康莊大道

> 不要吝惜在別人需要的時候伸出援手，因為在你伸出援手的同時，也等於為你的人際關係鋪好了一條康莊大道。

任何人在遭遇困難時，都希望能有一個堅強的靠山伸出援手。所以，當你為了自己的人際關係不佳而懊惱時，千萬記得，成為別人的援手，也是建立良好人際關係的手段。

英國可說是社會福利工作做得最完善的國家之一，但也因為社會福利的完善，造成英國財政上的許多問題。

所以，在一九七九年，素有「鐵娘子」之稱的柴契爾夫人開始擔任英國首相之時，便致力於改革英國的稅賦制度。

她的改革包含了經濟、社會、醫療、社會保障和教育。雖然在改革的過程中產生不少「太過分」的埋怨聲浪，但確實也讓英國日趨嚴重的財政赤字問題逐漸好轉。

柴契爾夫人就任之後，為了樹立改革的榜樣，每天早上六點起床，辦理公務一直到深夜才休息。

她這種兢兢業業、以身作則的精神，不僅獲得英國國民一致

的支持，對她的改革措施、堅毅信念和卓越的領導能力，絕大多
數民眾也感到相當佩服以及肯定。

人與人之間的互動是相當微妙的，往往左右著一個人的成敗，
凡事針鋒相對無疑是最糟糕的處世模式。唯有懂得借力使力，把
那些反對、批評自己的「壞人」變成另類的貴人，才算是真正成
功的人。

不只是國家的元首需要支持，一般人也不能缺乏朋友的支持。
因為，支持代表了別人的看法和評價，一個缺乏朋友支持的人，不
要說成功了，就連與人相處都會很辛苦。

所以，不要吝惜在別人需要的時候伸出援手，因為在你伸出援
手的同時，也等於為你的人際關係鋪好了一條沒有坑洞的康莊大道。

此外，千萬不要用情緒解決問題，聰明的人必須根據不同的
情勢，採取相應的作戰方針，不管伸縮、進退，都應該進行客觀
的評估，如此才能獲得勝利。可別因為一時沉不住氣，導致自己
一敗塗地。

要追求理想，也要兼顧現實

> 與其找一個完美的情人，還不如尋找一個能夠
> 包容自己缺點的情人，只要能夠互相包容、配
> 合，那麼是不是完美，又有什麼重要呢？

眞正聰明的人知道每個人都有個性上的缺點，也有著視野上的盲點，因此不會苦苦追求所謂的完美。

理想和現實總是有差距的，理想不管有多完美，一旦碰到了現實生活，再完美的理想也必須適度地妥協，否則，到最後便會坐失良機。

有一個老人，身上背著一個破舊不堪的包袱，臉上佈滿了歲月的痕跡，腳下的鞋子因爲長途跋涉而破了好幾個洞。這個老人的外表雖然很狼狽，但眼睛卻是炯炯有神，總是仔細而且專注地觀察著來往的行人。

這樣的一個老人立刻引起當地人的好奇，有個年輕人終於忍不住地問老人說：「請問，您是在尋找些什麼嗎？」

老人嘆了口氣，緩緩地回答道：「我從你這個年紀開始，就發誓要找到一個完美的女人，然後娶她爲妻。於是，我從自己的

家鄉開始尋找，經過一個又一個城市，可是一直到現在，都還沒有找到一個完美的女人。」

「找了那麼多年，難道還找不到完美的女人嗎？會不會這個世界上根本就沒有完美的女人存在呢？」年輕人聽完老人的敘述後，認真地問道。

老人斬釘截鐵地回答說：「這個世界上真的有完美的女人存在！我在三十年前就曾經找到過。」

「那麼，您為什麼不娶她為妻呢？」年輕人繼續問。

老人嘆了口氣，悲傷地回答：「當時，我立刻就向她求婚了，但是她卻不肯嫁給我。」

「為什麼呢？」

「因為，她也在尋找這個世界上最完美的男人！」

大文豪莎士比亞曾經在著作裡這麼寫道：「同樣價值的東西，往往因為人的主觀意識，而分別高下。」

同樣的，價值也會隨著時空環境的改變而改變。因此，追求人生目標的時候，應當充滿信心和希望，但千萬不要好高騖遠。

人固然要追求理想，但是也要兼顧現實，才不會一廂情願。

十全十美的人只會出現在小說或電視裡，而不會存在於真實的生活中。因此，與其找一個完美的情人，還不如尋找一個能夠包容自己缺點的情人，只要能夠互相包容、配合，那麼是不是完美，又有什麼重要呢？

不論待人或處事也是如此，太過堅持完美，只會讓自己變成自以為是的大傻瓜。

限制，都是自己造成的

也許本來很簡單的事，都因為先在心中設置了
障礙，才會讓事情越來越複雜，也限制了自己
的發展。

■■■

　　人們總是習慣用外表或是既定的印象來評斷事物。就像想到
「夏天」，就會聯想到炎熱，想到「複雜」，便會想到「困難」，
這些都是我們自己訂下的標準或印象。

　　因此，在真正嘗試之前，何不把自己放空，用單純客觀的角
度加以判斷呢？

　　說不定，許多的「麻煩事」，在這種「無預設」的心態下，
便可以輕輕鬆鬆地解決了。

　　魔術大師胡迪尼最令人津津樂道的表演，就是他能在很短的
時間內打開非常複雜的鎖，而且從來沒有失手過。他為自己訂下
一個目標：六十分鐘之內，一定要從任何鎖中掙脫出來。不過，
條件是必須讓他穿著自己特製的衣服進去，而且絕對不能有任何
人在旁邊觀看。

　　有一個英國小鎮的居民，決定向胡迪尼挑戰。他們製造了一

個特別堅固的鐵牢,還配上一把非常複雜的鎖,然後請胡迪尼來
接受考驗,看看他能不能順利地從這個鐵牢中脫身。

胡迪尼接受了這個挑戰。他穿上了特製的衣服走進鐵牢,所
有的居民都遵守規定,不去看他如何開鎖。

胡迪尼從衣服裡拿出工具開鎖,但是,時間一分一秒地過去
了,卻打不開鐵牢,頭上開始冒汗。

終於,一個小時過去了,胡迪尼還是聽不到期待中鎖簧彈開的
聲音,精疲力盡地靠著門坐下來,結果牢門竟然順勢而開。原來,
這個牢門根本沒有上鎖!那把看似複雜的鎖原來只是個模型,而
一向有「逃生專家」美譽的胡迪尼,竟然被一把根本沒有「鎖」
的鎖弄得動彈不得。

莎士比亞曾經寫道:「聰明人變成了癡愚,是一條最容易上
鉤的游魚,因為他憑恃才高學廣,看不見自己的狂妄。」

許多的限制或障礙,其實都是自己造成的。

因為,遇到事情之時,我們首先想的不是該怎麼面對,而是
如何才能繞過;當問題發生之時,直覺反應一定是先找藉口,而
不是如何解決,等到真的逼不得已的時候,才會動腦筋思考解決
的方法。

所以,也許本來很簡單的事,都因為先在心中設置了障礙,
才會讓事情越來越複雜,也限制了自己的發展。

生命，經不起無謂的浪費

> 人的生命是有限的，經不起無謂的浪費，只要
> 你能把握生命中的每一秒，那麼你的目標也就
> 離你不遠了。

曾經有一個這樣的笑話。

某甲的錢包被偷了，為了追回錢包，便死命地追著小偷不放。

某甲很生氣地邊追邊想：「我就不相信我跑不過你！」

於是，他卯足了勁，全力地往前跑。等到他終於追上時，沒
想到某甲竟然只記得要跑贏小偷，而忘了追回錢包，仍然繼續地
一直往前跑！

當我們整天只知道像陀螺一樣地忙忙碌碌，卻忘了既定的生
活目標時，這種行為不也和那個忘了小偷，只顧著向前跑的某甲
一樣嗎？

有位女作家之所以能有這麼豐富的作品產量，完全得力於她
可以理智地限制自己。

她出過幾十本書，作品風靡華文世界，讓人難以想像的是，
這位既擔任教職，又有三個孩子的作家，怎麼還能有如此旺盛的

精力和時間來創作。

原來，她不看電視、也不看電影，平常更不逛街、不應酬，每天一下班就立即回家，將自己「囚禁」起來，開始寫作。

她說：「一進家門，我便把自己變成一隻蜘蛛。文字是絲，我用絲來織網，勤奮苦心地織，有一種快樂絕頂的感覺。在整個編織的過程中，我用我的耐性和韌性，將千條萬縷的細絲，織成疏密有致的網；然後，我再以我的感情和經驗，爲這個網的雛形設計獨特的圖案。」

有人因此評論說：「她既是編織美麗文字之網的作家，也是一個不斷吮吸知識甘泉的讀書狂。她像蠶一樣發狂地吞食，再努力地消化。」

這種專注的能力，使她成爲一個不容易向現實低頭的人，也因此能在文字殿堂中，獲得令人激賞的成績。

美國激勵作家麥斯威爾‧馬爾茲曾經說過：「一個人最終拋棄了虛僞與矯飾，主動表現出本來面目時，所得到的輕鬆與滿足是不可比擬的。」

這是因爲，虛僞與矯飾讓人終日患得患失，只有勇敢面對自己的缺點，才能在人前人後都活得輕鬆自在。

限制自己，其實是一種非常勇敢的行爲！因爲它不僅能測試一個人的意志力，還能表現出一個人是否能充分地運用時間。

如果你充滿理想，並且渴望成功，那麼，嘗試向自己的「自制力」挑戰吧！人的生命是有限的，經不起無謂的浪費，只要你能把握生命中的每一秒，那麼你的目標也就離你不遠了。

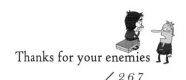
不用手段，就是最高明的手段

任何手段都是需要花時間來策劃和執行的。與
其花時間耍手段，為什麼不把實實在在地完成
自己的目標呢？

■ ■ ■

有許多人為了達成自己的目標，費盡心機地用各種手段，想
把別人踩在腳下，但是結果往往事與願違，有時候還反而讓自己
吃更多虧。

其實，最高明的手段，就是不用任何手段。與其絞盡腦汁玩
弄小聰明，不如靠自己的力量，光明正大地和別人競爭，就算最
後沒有達成目標，至少還能贏得別人的尊重。

有一個瞎眼的乞丐，每天早上都會帶著一個小女孩，固定站
在街角向過往的行人乞討。

有一位老婦人每天都會經過這條街，也總是會在乞丐的破碗
中丟下幾個銅板。時間一長，老婦人和這對乞丐也慢慢地熟悉了
起來。

有一天，老婦人突然停下來和小女孩聊天，老婦人問女孩說：
「小姑娘，旁邊這位是妳的父親嗎？」

小女孩回答老婦人說：「是的，他是我的父親。」

老婦人帶著憐憫的眼光，看著這個瞎眼的乞丐：「眞是可憐，妳父親眼睛看不見嗎？」

小女孩回答：「是的，夫人，我的父親是個瞎子。」

老婦人嘆了一口氣，說：「唉，命運眞是會捉弄人，妳父親的眼睛是什麼時候瞎的？」

小女孩天眞地回答道：「每天早上的九點鐘。」

不論大小，任何手段都是需要花時間來策劃和執行的。

如果直接將這些時間用在自己該做的事情上，讓事情做得更完美，那麼豈不是一樣可以達到自己的目的，而且也不會傷及自己與別人的友好關係，何樂而不爲呢？

與其花心思、花時間耍手段，爲什麼不把時間省下來，把心思用在實實在在完成自己的目標上呢？

用不同的角度思考自己的位置

要在適當的時機跳開自己所處的位置，左右前後觀察，用不同的角度去思考，這才能確保自己的路能走得更平、更穩。

有句話說：「當局者迷，旁觀者清。」

當我們在旁邊看人下棋，與自己下棋時的感覺一定非常不一樣。有的時候，一個非常容易看穿的陷阱，旁觀的群眾都已經看透，而下棋的人卻還渾然不知，一步步走向對手的佈局之中。

旁觀者未必比當局者更聰明、更有智慧，但是，就是因為他們「冷眼旁觀」，因而能看得比局中人清楚明白。

春秋時期，吳王想發兵去攻打楚國。可是，當他把自己的想法對滿朝文武、宣佈後，大臣們卻議論紛紛，提出反對的意見。

其中，有一位朝廷元老站了出來，語重心長地對吳王說：「就吳國現在的實力而言，並不是十分強大，要攻打楚國並不像大王您想像的那樣簡單，如果發兵，必然會使自己的國力損失巨大，國防空虛，勞民傷財，說不定還會給其他的諸侯有可乘之機。」

一向很專橫的吳王聽到竟然有大臣不同意他的決定，非常惱

火，厲聲制止道：「各位不必議論，我決心已定，誰也別想動搖我的決心，倘若有誰執意要阻止我出兵攻打楚國，我就處死他，絕不輕饒！」

眾大臣面面相覷，誰也不敢亂說一句話。

吳王手下有一個年輕的大臣，早朝時聽到吳王執意要攻打楚國以後，很為吳國的處境擔憂，下朝後心中仍無法安寧，就在他自家的花園裡，踱來踱去，思前想後。他覺得不能不顧國家的安危，在心裡對自己說：「我一定要想方設法勸阻吳王放棄他的計劃。」

就在這個時候，他的目光無意中落到樹上的一隻蟬的身上，那隻蟬正無憂無慮地歌唱，年輕的大臣忽然靈機一動，立刻有了主意。

第二天一大早，這位大臣便來到王宮的後花園裡，在那兒轉來轉去的，還故意讓露水打濕衣服。大約一個時辰以後，吳王在宮女陪侍下，來到後花園，一眼就看見大臣一個人在花園裡，手裡拿著彈弓，盯著樹枝出神地看著，露水打濕了衣衫都沒有察覺。

吳王感到很奇怪，便走上前去問道：「喂，你一大早在這裡做什麼？這麼認真，連衣服濕了都不知道？」

那位大臣裝作彷彿偶然遇到吳王，急忙施禮賠罪道：「剛才只顧看那樹上的蟬和螳螂，竟不知大王到來，請大王恕罪。」

吳王揮揮手，好奇地問：「你究竟在看什麼？」

那位大臣回答道：「我本來是要打黃雀的，可是我剛才恰巧看到一隻蟬正在樹枝上面喝著露水，一邊喝一邊還鳴唱著歌曲，渾然不知道一隻螳螂正弓著身子準備捕食牠。而螳螂也想不到牠身後還有一隻黃雀虎視眈眈呢！那隻黃雀正伸著脖子，緊緊盯著

螳螂，準備撲上去吃掉牠，卻不知道我手中的彈弓隨時都會要了牠的命！唉！牠們都只是看到了自己眼前的利益，卻不知道顧及自己身後的災難啊！」

吳王聽了大臣的話，頓時明白他的用心良苦，連聲讚嘆道：「講得好！講得好！我已經明白了你的用意，我馬上取消進攻楚國的計劃！」

這個「螳螂捕蟬，黃雀在後」的故事，其實非常清楚地讓我們明白，為什麼當我們人在局中的時候，總是無法看清自己的處境。因為，我們眼中只有前方自己所關注的目標，腦中只想著自己一步步策謀的計劃，卻沒有回頭看看自己究竟身在什麼樣的局勢當中。

旁觀的人未必比我們聰明，也未必比我們有才幹，但是因為他們身在局外，能以更寬闊的視野來觀察，不因局中的利益關係所動，不會被對方設下的甜頭引誘而失去了正確的判斷能力，因而能更宏觀地看清整個佈局，冷靜地對其中的優劣勝負做出評斷。

而身在局中的我們，能告訴自己的，就是學著讓自己多往後看，不要只顧著眼前的難題或利益，應該要用不同的角度、不同的思考來檢視其中的利害關係。不要只懂得往前看，那樣的視野是狹窄的，要提醒自己：「想當捕蟬的螳螂，小心黃雀在後！」

要在適當的時機跳開自己所處的位置，左右前後觀察，用不同的角度去思考，這才能確保自己的路能走得更平、更穩。

把小人變成你的貴人全集

生活講義

137

作　　者　公孫龍策
社　　長　陳維都
藝術總監　黃聖文
編輯總監　王　凌
出版者　普天出版社
　　　　　新北市汐止區康寧街 169 巷 25 號 6 樓
　　　　　TEL／(02) 26921935 (代表號)
　　　　　FAX／(02) 26959332
　　　　　E-mail：popular.press@msa.hinet.net
　　　　　http://www.popu.com.tw/
　　　　　郵政劃撥 19091443 陳維都帳戶
總 經 銷　旭昇圖書有限公司
　　　　　新北市中和區中山路二段 352 號 2F
　　　　　TEL／(02) 22451480 (代表號)
　　　　　FAX／(02) 22451479
　　　　　E-mail：s1686688@ms31.hinet.net
法律顧問　西華律師事務所・黃憲男律師
電腦排版　巨新電腦排版有限公司
印製裝訂　久裕印刷事業有限公司
出 版 日　2019 (民 108) 年 2 月第 1 版
I S B N◎978-986-389-582-4　　條碼 9789863895824
Copyright◎2019
Printed in Taiwan ,2019 All Rights Reserved

國家圖書館出版品預行編目資料

把小人變成你的貴人全集／
公孫龍策編著. —第 1 版. —：新北市, 普天
民 108.02 面；公分. -（生活講義；137）
ISBN◎978-986-389-582-4 (平裝)
CIP◎177.2

普天之下・盡是好書
普天 出版社
Popular Press